Britta Kienle

Kartenlegen leicht erlernbar
Apprenez facilement la cartomancie

Deutsch / Français

Britta führt Sie mit 7 schnellen Schritten
in das Kartenlegen ein
Britta introduit en 7 leçons vîtes dans la cartomancie

Herstellung:
Books on Demand GmbH, Norderstedt

ISBN: 978-3-936568-47-9
2009 by Britta Kienle
www.brika-verlag.de
Brigitte Kienle

Liebe Leserin, lieber Leser,
das vorliegende Lehrbuch bietet Ihnen einen Leitfaden für den professionellen Umgang mit Karten. Jeder Mensch ist ein Individuum. Dies bedeutet unter anderem, dass jede/r Kartenleger/in im Laufe der Zeit sein oder ihr persönliches System entwickeln wird. So gibt es kein allgemein gültiges Rezept, wie oder womit Sie Ihre Beratungen durchführen können. Daher kann seitens des Verlages oder der Autorin für sich eventuell ergebende Fehlinterpretationen oder Fehlberatungen seitens der Leserschaft keine Verantwortung übernommen werden.

Inhalt:

Die Kunst des Kartenlegens und Kartenlesens

Das **Kartenlegen** ist eine seit Jahrhunderten von Generation zu Generation **überlieferte Tradition.** Auch heute ist sie aus unserem Alltag nicht mehr wegzudenken. Immer mehr Menschen suchen in dieser Kunst

Rat und Hilfe für ihr Leben.

Eine der bedeutendsten Vertreterinnen dieser Kunst war **Mlle. Lenormand**. Ihre hellseherischen Fähigkeiten sowie ihr feines Gespür für die Probleme Ihrer Mitmenschen werden auch heute noch anerkannt.

Sie lebte von 27.05.1782 bis 25.06.1843 in Paris und wurde von zahlreichen politischen und adligen Persönlichkeiten konsultiert. Seit Jahren habe ich mit Hilfe dieser Kunst schon vielen Menschen helfen können. Aus dieser Erfahrung heraus, ist es mir ein Bedürfnis, die **Kunst des Kartenlegens** auch allen interessierten Leuten weiterzugeben, um diese schöne Tradition zu erhalten.

Ich bin sicher, dass Ihnen dieser Kurs
Kartenlegen für den Alltag
in 7 Schritten mit Übungen
viel Freude bereiten wird

Noch ein Tipp zum Thema Ängste:

Private und berufliche Probleme und Unstimmigkeiten können besonders bei sensiblen Menschen leicht Ängste auslösen oder verstärken, die dann das tägliche Leben beeinflussen oder sogar beherrschen können.

Mir selbst erging es da nicht anders.

In dieser Zeit begann ich das Kartenlegen zu erlernen, wurde dadurch feinfühliger und begann mehr auf meine ***innere Stimme*** zu hören. Trotz allem sollte man nicht vergessen, dass das Kartenlesen lediglich Möglichkeiten und Wege aufzeigt, die man verfolgen könnte, wobei es uns selbstverständlich jederzeit frei steht, einen anderen Weg einzuschlagen.

Auf jeden Fall geben Ihnen die Karten:

- Anregung zum Nachdenken,
- vielleicht auch einen Impuls, etwas zu unternehmen,
- Hinweise, um eventuelle Probleme zu verhindern.

Durch diese Erkenntnis werden Sie ***Ihren*** Weg finden, den Weg, den Sie gehen wollen. Denn Sie wissen ja: man muss ***sein Schicksal*** selbst in die ***Hand nehmen.***

Noch eine persönliche Bitte:
Schauen Sie nicht wegen jedes Problems in die Karten.

Werden Sie nicht abhängig

Erster Schritt

Karten verstehen und deuten lernen

Das Wichtigste ist:

1. Die Bedeutung:
   Die Bedeutung jeder Karte gut in sich aufzunehmen und wirken zu lassen.

2. Das Sehen zu lernen:
   Deshalb gehen wir Schritt für Schritt vor.

3. Ihre Intuition walten zu lassen:
   Wichtig ist es auch, auf die innere Stimme zu hören.
   Am Anfang mag das für manche sehr schwierig sein, aber unsere Intuition haben wir von Natur aus mitbekommen.
   In unserer heutigen schnelllebigen Zeit haben wir Menschen den Kontakt zu ihr jedoch häufig verloren!

4. Das Interpretieren:
   Üben Sie täglich 15 Minuten mit Ihren Karten!
   Nehmen Sie Kontakt mit den Karten auf und sprechen Sie die Bedeutung laut vor sich hin.
   Umso schneller lernen Sie.

Akzeptieren Sie, wenn Sie an manchen Tagen nicht so gut interpretieren können. Das ist ganz normal.

Üben Sie trotzdem!

Ich möchte Ihnen das Lesen und Interpretieren der Karten auf eine recht einfache Weise in 7 Schritten vermitteln.

Entnommen aus den Lehrbüchern des großen Selbstlernkurses.

Sie werden sich am Ende dieses Kurses wundern, wie viel Sie bereits aus den Karten herauslesen können.
Auch werden Sie im Laufe der Zeit bemerken, wie Ihr Gespür sich immer mehr verfeinert.

Nun wünsche ich Ihnen viel Spaß und Erfolg beim Erlernen des Kartenlesens

Hören Sie auf Ihre innere Stimme

1. Reiter
Nachricht, Gespräche,
z. B. Sie führen Gespräche:

liebevoll, geheim,

im Streit usw.

2. Kleeblatt
kleines Glück
glückliches Gelingen,
glücklicher Ausgang

3. Schiff
kleine Reise,
Nachbarstadt,
innerhalb des Landes

4. Haus
häuslicher Bereich,
im und um das Haus,
Sicherheit,
Geborgenheit

5. Baum
steht für das Leben:
Abstammung,
Stabilität,
etwas, das man mit
Sicherheit erleben
wird

6. Wolken
undurchschaubar,
etwas unklar,
nicht deutlich
erkennbar,
Unklarheiten

Personenkarte

7. Schlange
Großmutter, Tante,
usw., ältere Frau
oder Freundin,
Arbeitskollegin,
Ex-Frau,
auch Geliebte

Negative Karte

8. Sarg
Gesundheit,
Tod (etwas,
das für den
Fragenden
gestorben ist)

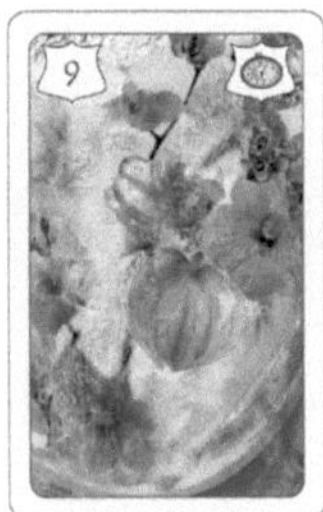

9. Blumenstrauß
großes Glück,
Geschenk,
Einladung,
Feier

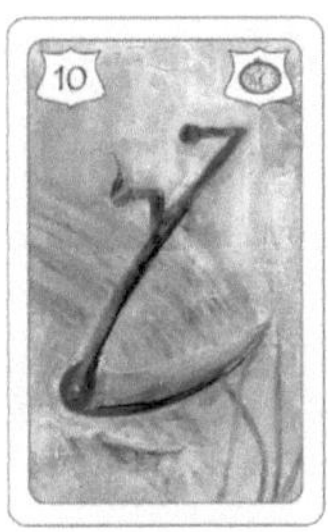

10. Sense
plötzliches Ende,
plötzlicher
Neubeginn,
Durchsetzung

Negative Karte

11. Rute
Ärger,
Verdruss,
Streit

Negative Karte

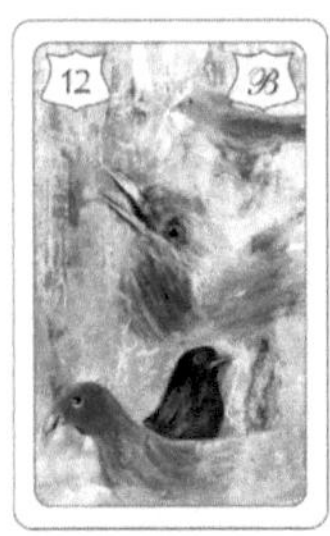

12. Vögel
vorübergehende
Mühen,
Kummer
(kleiner Kummer)

Personenkarte

13. Kind
Kind, Tochter,
Arbeitskollegin,
junge Frau,
Freundin, Geliebte

14. Fuchs
In Verbindung mit
positiver Karte:
Klugheit, Intelligenz,
clever, schlau.
In Verbindung mit
negativer Karte:
Falschheit, Diebstahl
bei Krankheit: chronisch

Personenkarte

15. Bär
Vater, Großvater,
Onkel, usw.,
älterer Mann, Geliebter
Arbeitskollege,
Ex-Mann, Freund,

16. Sterne
Intuition, Seele,
Sehnsucht

17. Storch
Veränderung,
Erneuerung,
Wandlung,
Beweglichkeit,
Technik

Personenkarte

18. Hund
Kind, Sohn,
Tochter
(männlich veranlagt),
Bruder, Freund,
junger Mann,
Liebhaber

19. Turm
Schule,
Ausbildung,

20. Garten
Öffentlichkeit,
Menschenansammlung

21. Berg
Stärke, Macht,
Größe,
mächtig, breit, dick,
unüberwindliches
Hindernis, Blockade

22. Weg
getrennte Wege,
neue Wege,
Entscheidungen treffen,
Lösungen suchen

Negative Karte

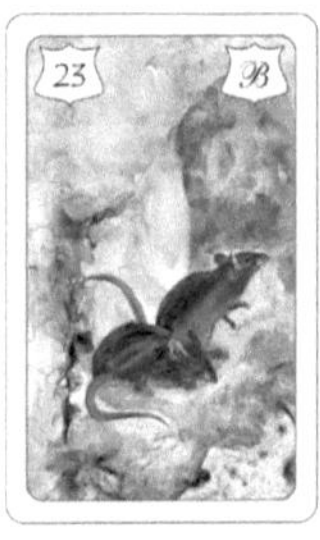

23. Ratte
Verlust, Angst,
auch Krankheitskarte,
(etwas frisst und
nagt an der
betreffenden Person,
bei der die Karte liegt.)

24. Herz
Liebe,
Herzlichkeit

25. Ring
Liebe
Herzlichkeit

26. Buch
erlerntes Wissen,
Geheimnis,
Wissen sammeln,
es ist etwas noch
nicht spruchreif

27. Brief
schriftlicher Kontakt,
(Post, Verträge),
Telefon, Fax, E-Mail,
schneller Kontakt ist

Personenkarte

28. Mann
Fragender,
Ehemann oder
Partner von
Nr. 29 (Frau)

Personenkarte

29. Frau
Fragender,
Ehefrau oder
Partnerin von
Nr. 28 (Mann)

30. Lilie
In Verbindung mit
positiver Karte:
Anregung (Sex),
In Verbindung mit
negativer Karte:
Aufregung (Hektik)

31. Sonne
Erfolg,
Wärme, Hitze,
Süden, Sommer

32. Mond
Gefühle,
Anerkennung,
Abendstunde,
Nacht,
Norden

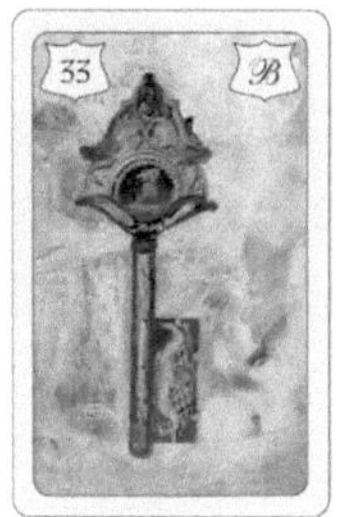

33. Schlüssel
Power,
Arbeit,
Handwerk,
Aktivitäten

34. Fische
Geld,
Finanzen

35. Anker
Alter,
Länge, Tiefe,
Ausland,
weite Reise

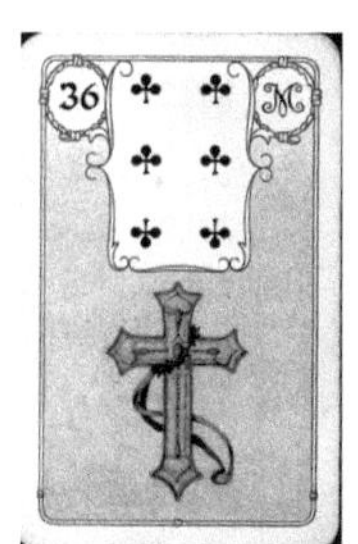

36. Kreuz
Zukunft,
Glaube

Der erste Schritt ist Ihre innere Haltung. Entspannen Sie sich und setzen Sie sich nicht unter Erfolgsdruck. Bleiben Sie also gelassen und offen für Ihr intuitives Gespür. So fällt es Ihnen leichter, eine klare Aussage In den Karten zu erkennen

Ihr Unterbewusstsein kennt nur die Sprache der Bilder und Symbole

Mischen Sie die Karten, legen Sie diese mit der Bildseite nach unten auf den Tisch und verteilen Sie sie mit beiden Händen.
Sie können die Karten auch fächerartig auslegen.

Am Anfang bitte nur zwei Karten ziehen und diese interpretieren. So kommen Sie viel schneller voran. Ich spreche hier aus eigener Erfahrung.

Nun ziehen Sie eine Karte mit Ihrer linken Hand. Betrachten Sie die Karte genau und sagen Sie deren Bedeutung laut vor sich hin. Sollten Sie diese vergessen haben, so lesen Sie nochmals nach.
Am Anfang ist es noch ein wenig schwierig, sich alle Bedeutungen zu merken.

Zum Beispiel:

Sie haben die Karte **Nr. 25 Ring**
Ehe oder Partnerschaft - gezogen

Machen Sie sich klar, was Sie wissen wollen. Ihr Unterbewusstsein kennt Ihre Antwort bereits.
So könnten Sie beispielsweise fragen:

Was will die Karte mir sagen?

Ziehen Sie noch eine Karte. Zum Beispiel die
Nr. 2 **Klee** - kleines Glück -.
Nun verbinden wir diese beiden Karten.

Nr. 25 Ring	+	*Nr. 2 Klee*
Ehe oder Partnerschaft		kleines Glück

Die Partnerschaft
(ob verheiratet oder nicht) ist glücklich.

Jetzt ein paar Übungen:

Interpretieren Sie und lassen Sie dabei Ihre Intuition walten.

Fassen Sie die Aussagen mit ihren ***eigenen Worten*** in ein oder zwei Sätzen zusammen. Machen Sie sich keine Gedanken, wenn Ihre Formulierung von meinem Lösungsvorschlag abweicht, lediglich der Sinn sollte übereinstimmen.

Tragen Sie ***Ihre*** Antworten in die folgenden Übungsbeispiele ein.
Vergessen Sie bitte nicht, es gibt keine feste oder absolut richtige Antwort!

Kartenlegen ist ein Orakel und nur SIE können interpretieren, was die Karten IHNEN sagen.

Nach den Übungen finden Sie ***meine*** Interpretationen mit ***meinen*** Worten als mögliche Deutung ausgedrückt.

Viel Spaß beim Üben

Nun mischen Sie die Karten erneut auf dem Tisch.
Wie zuvor beschrieben ziehen Sie nun wieder mit der linken Hand eine Karte.

Übrigens: Ziehen Sie immer mit der linken Hand, weil Ihre linke Seite Ihre intuitive Seite ist.

Sie ziehen beispielsweise

Nr. 22 Wege + ***Nr. 9 Blumenstrauß***
Neue Wege *Großes Glück*

Nun interpretieren Sie:

....

Noch ein Beispiel:

Nr. 4 Haus + ***Nr. 11 Rute***
Häuslicher Bereich *Streit*

....

Meine eigene Interpretation:

Nr. 22 Weg + *Nr. 9 Blumenstrauß*

Neue Wege großes Glück

Sie gehen neue Wege. Diese bringen Ihnen Glück.

Nr. 4 Haus + ***Nr. 11 Rute***
Häuslicher Bereich *Streit*

Im häuslichen Bereich gibt es Streit.

Nun wollten Sie wissen

Wie geht der Streit im häuslichen Bereich aus?

Sie ziehen erneut eine Karte.
Diesmal die Karte Nr. 2 Klee.

Nr. 4 Haus + ***Nr. 11 Rute*** + ***Nr. 2 Klee***
Häuslicher Bereich *Streit* *Glück*

Im häuslichen Bereich gibt es Streit, der wieder gut ausgeht.

Hätten Sie die Karte Nr. 23 Ratte gezogen, so wäre die Interpretation negativ ausgefallen.

Nr. 4 Haus + ***Nr. 11 Rute*** + ***Nr.23 Ratte***
Häuslicher Bereich *Streit* *Verlust, nagen*

Im häuslichen Bereich gibt es Streit, der an Ihnen nagt.

Diese Übung sollten Sie täglich machen.
So lernen Sie die Bedeutung der Karten auf spielerische Weise kennen und verstehe

Zweiter Schritt

Mischen und Auslegen des Tableaus (großes Kartenbild)

Mischen Sie die Karten mindestens siebenmal und formulieren Sie während des Mischens Ihre Fragen in klarer Form.
Machen Sie sich dabei klar, was Sie wissen wollen.
Ihr Unterbewusstsein weiß Ihre Antworten bereits.

Zum Beispiel:
Wie sieht es mit mir aus?
Was könnte auf mich zukommen?
Was war mit mir?
Wie sieht es mit meiner Arbeit aus und wie geht es weiter?
Wie sieht es mit meiner Ehe aus und wie geht es weiter?
Kommt eine neue Liebe auf mich zu?

Stellen Sie nicht zu viele Fragen auf einmal.
Sie könnten Ihr Unterbewusstsein dabei eventuell überfordern.

Nun legen Sie die 36 Karten, wie in der Vorlage Nr. 1 gezeigt, mit der Bildseite nach oben aus:

4 Reihen zu je 8 Karten und
1 Reihe mit den restlichen 4 Karten

Nun haben wir das Tableau mit allen 36 Karten vor uns liegen.

Wichtig - Merken Sie sich:

Ist die ***Personenkarte*** (Nr. 28 oder Nr. 29) die erste Karte, so ist die Person *zukunftsorientiert.*

Liegt die ***Personenkarte*** am Ende des Tableaus, denkt die Person oft an die *Vergangenheit.*

Die erste Karte des Tableaus zeigt Ihnen das momentan wichtigste Thema an (z.B. Haus, Ehe, Reise usw.)

Merken Sie sich besonders diese beiden Karten:

Nr. 29 Frau - das sind entweder Sie selbst oder die Fragerin, oder aber die Partnerin vor Nr. 28. Dies richtet sich nach der Person, für die die Karten gelegt werden.

Nr. 28 Mann - das sind entweder Sie selbst (wenn Sie ein Mann sind) oder der Frager, oder aber der Partner von Nr. 29.

Das Thema ist Liebe

Vorlage 1

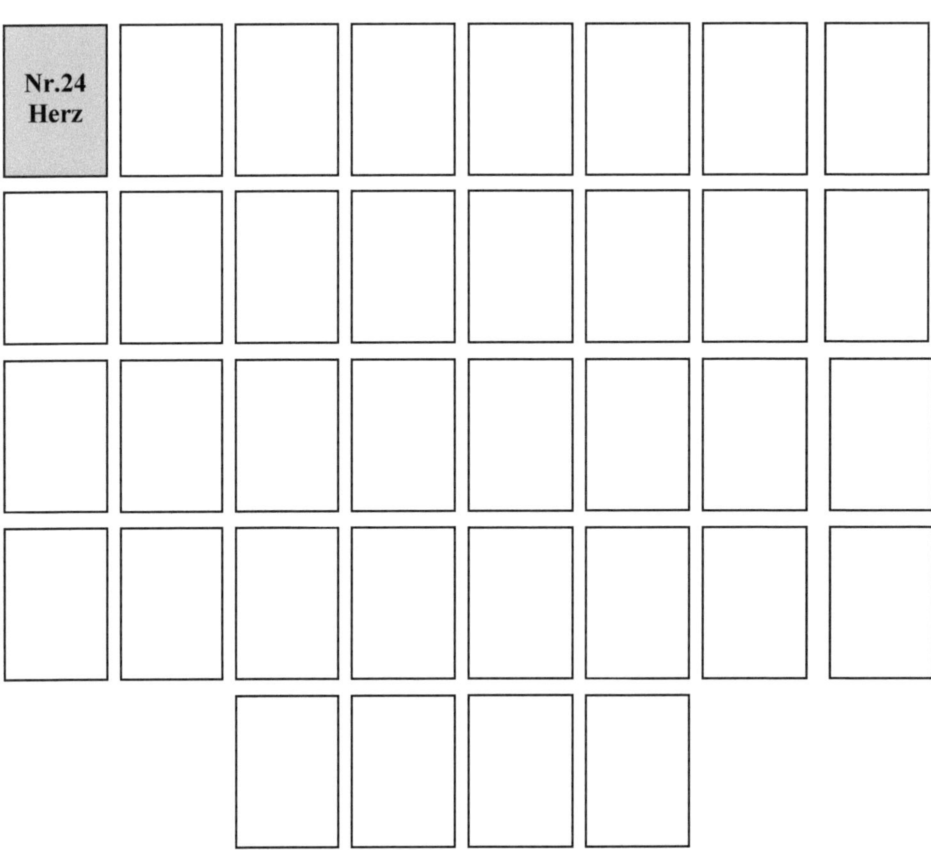

Sie haben das große Kartenbild ausgelegt und können schon gleich zu Beginn 2 Aussagen machen:
Die 1. Karte zeigt Ihnen bereits das Thema an.

Hier geht es um die Liebe

Liegt die Fragerin (der Frager) in der 1. Reihe, ist sie (er) zukunftsorientiert.
Liegt die Fragerin (der Frager) in der 4. oder 5. Reihe, denkt sie (er) an die Vergangenheit.

Üben wir nun, wie Sie eine waagrechte Kartenreihe deuten können. Von der ersten bis zur achten Karte

Nr.24	Nr.6	Nr.12	Nr.28	Nr.32	Nr.21	Nr.3	Nr.31
→	→	→	→	→	→	→	→

In der Liebe gibt es Unklarheiten und Kummer mit dem Partner.
Die Gefühle des Partners sind blockiert.
Es wäre vorteilhaft, eine kleine Reise zu unternehmen, da diese sich sehr positiv auswirken würde.

Merken Sie sich:
Da die **Sonne** am Ende der Kartenreihe liegt, ist diese **Partnerschaft** gut. Die achte Karte (*Sonne)* am Ende einer Reihe zeigt an, dass hier die **Liebe** überwiegt.
(Sind der **Kummer** und die **Blockaden**, vielleicht eine Lernaufgabe?)

Wenn nun aber eine negative Karte als achte Karte, das heißt am Ende einer Kartenreihe läge, so müsste man sich schon Gedanken über die Partnerschaft machen.

Jetzt üben wir das Interpretieren einer Kartenreihe

von Nr.28 Mann aus nach rechts in die Zukunft
von Nr.28 Mann aus nach links in die Vergangenheit

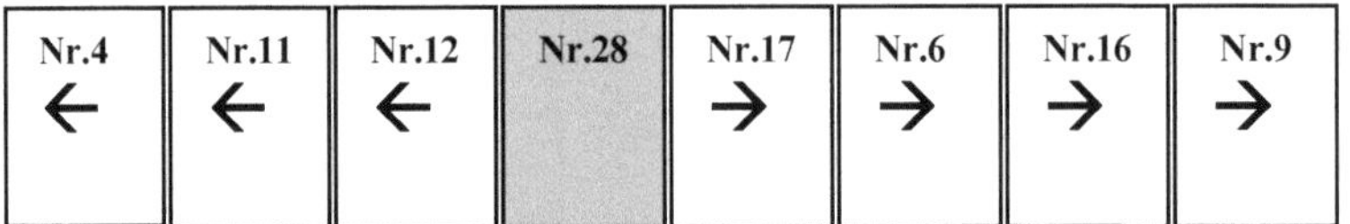

Bitte interpretieren Sie die Zukunft von Nr. 28 aus gesehen nach rechts

....

Bitte interpretieren Sie die Vergangenheit von Nr. 28 aus gesehen nach links

....

Nun interpretieren Sie die Vergangenheit mit der Zukunft zusammen

....

Mein persönlicher Lösungsvorschlag**:**

Dieser Mann Nr. 28 hatte in der Vergangenheit Kummer und Ärger im häuslichen Bereich. In Zukunft sehnt er sich nach einer noch nicht klar ersichtlichen Veränderung. Es wird jedoch alles gut für ihn ausgehen (da die Nr. 9 am Ende liegt).

Weiteres zu diesem Themengebiet finden Sie in meinem großen Selbstlernkurs.

Dritter Schritt

Nun üben wir den Momentan-Zustand und die nahe Zukunft

Vorlage 1

			denkt noch daran was ist oder war				
		es ist oder es ist gerade vorbei	Person oder Thema	es ist oder es kommt bald			
			so wird oder kommt es				

Auf den nachfolgen Seiten werden wir dies anhand einiger Beispiele erläutern. Sie werden sehen, es macht Spaß in die Gegenwart und in die nahe Zukunft zu sehen. Haben Sie keine Angst, beunruhigende Dinge aus Ihrer Zukunft zu sehen. Dazu möchte ich Ihnen sagen:

Die Zukunftsdeutung soll eine Lebenshilfe sein, keine Angstmacherei.

Vorlage 2

Momentan-Zustand 2

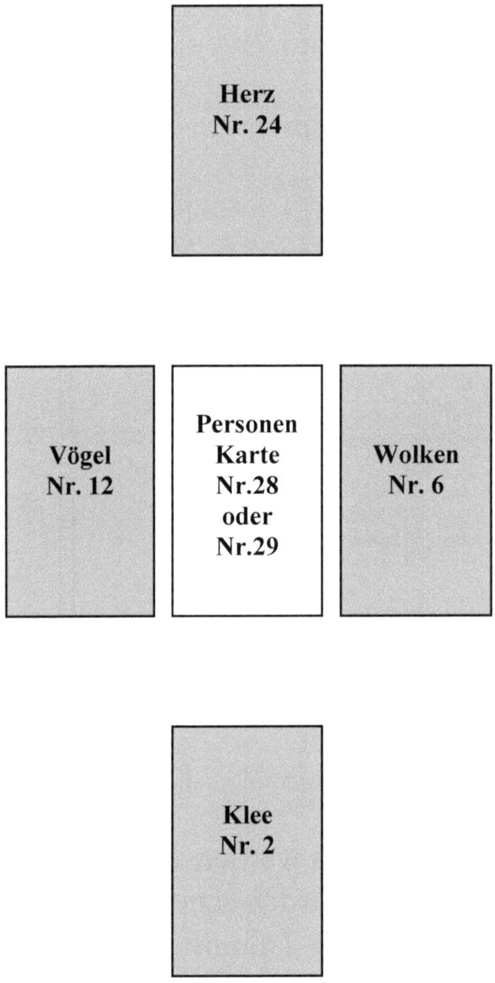

Herz
Nr. 24

Vögel
Nr. 12

Personen
Karte
Nr.28
oder
Nr.29

Wolken
Nr. 6

Klee
Nr. 2

Der Momentan – Zustand

Betrachten Sie bitte die Vorlage 2, so dass Sie die einzelnen Schritte gleich nachvollziehen können.

Beispiel:

Bitte legen Sie die Karten so aus, wie es die Vorlage 2 zeigt.

1. **(PK),*** **Nr. 28** oder **Nr. 29** in die Mitte,
2. darüber **die** **Nr. 24 Herz** - Liebe,
3. links **von der PK die** **Nr. 12 Vögel** - Kummer,
4. rechts **von der PK die** **Nr. 6 Wolken** - unklar,
5. unterhalb **der PK die** **Nr. 2 Klee** - kl. Glück.

Nun verbinden wir diese Konstellation und interpretieren sie:

1. **Die Person denkt an** Liebe.
2. **Vor kurzem hatte sie** Kummer.
3. **Im Moment gibt es noch** Unklarheiten.
4. **Es wird aber alles** gut **werden.**

***PK- Personenkarte.**

Vorlage 3

Momentan-Zustand 3

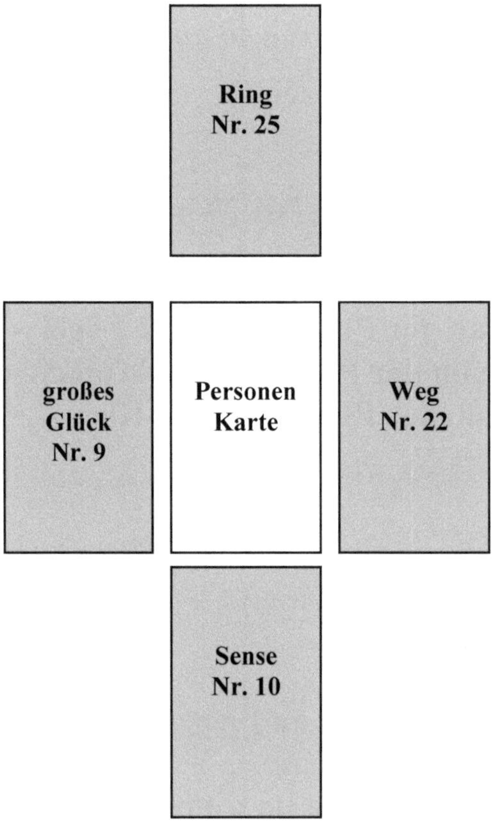

Ring
Nr. 25

großes
Glück
Nr. 9

Personen
Karte

Weg
Nr. 22

Sense
Nr. 10

Noch ein Beispiel:

Betrachten Sie bitte die Vorlage 3, so dass Sie die einzelnen Schritte gleich nachvollziehen können.

Personenkarte (PK), **Nr. 28** oder
Nr. 29 in die Mitte,

1. darüber **die Karte** **Nr. 25** -Ehe,

2. links **von der *PK* die Nr. 9** - großes Glück,

3. rechts **von der *PK* die Nr. 22** - Entscheidung,

4. unterhalb **der *PK* die Nr. 10** - plötzliches Ende

Nun interpretieren Sie:

...

..

Mein persönlicher Lösungsvorschlag:

1. *Die Person denkt an ihre Ehe.*
2. *Vor kurzem war sie noch glücklich.*
3. *Im Moment sucht die Person nach einer Lösung oder Entscheidung.*
4. *Sie sucht nach einer Lösung* (PK + Nr. 22), *die eventuell die Scheidung verhindern könnte* (Nr.25 + Nr.10).

Werfen wir nun einen Blick in ein Kartenbild!
Die Frage lautet: Wie steht es mit der Liebe?

Momentan-Zustand und die nahe Zukunft

Vorlage 4

	Nr. 23 Ratte						
Nr. 16 Sterne	**Nr. 24 Herz**	**Nr. 2 Klee**					
	Nr. 9 Blumen						

Das Thema heißt: ***Wie steht es mit der Liebe?***
Betrachten Sie die Karte Nr. 24 im großen Kartenbild!

Nun beginnen Sie zu interpretieren!

Schauen Sie bitte in die Vorlage 4

....

....

....

....

***Meine eigene Interpretation**:*

Nach großem Herzeleid (Nr.23+Nr.24) und Traurigkeit (23+16) in der Vergangenheit kommt eine wunderschöne große Liebe in der Zukunft (Nr. 24+Nr.2+Nr.9).

Wie Sie sehen, ist das Kartenlegen gar nicht so schwer.
Sie sollten nur immer wieder üben, üben und üben.
Lassen Sie Ihre Intuition spontan einfließen.

Sollten Sie beim Interpretieren noch Schwierigkeiten haben, so empfehle ich Ihnen die Interpretationshilfe.
Erhältlich im Brika-Verlag
www.brika-verlag.de

Vierter Schritt

Waagrechte und senkrechte Deutungslinie

Der nächste Schritt führt uns zur waagrechten und senkrechten Deutungslinie

Wichtig:
Im großen Kartenbild sind die waagrechte und senkrechte Deutungslinie besonders zu beachten;

sie sind die Hauptdeutungslinien

und müssen daher zuerst betrachtet werden.
Dies gilt übrigens für alle Themen, die Sie in das Kartenbild gemischt haben.
Allerdings ersehen Sie das Wie und Warum ....
aus **der Deutungslinie Vergangenheit.**

Das heißt:
Haben Sie jetzt in der Gegenwart Schwierigkeiten in der Liebe, so könnten Sie aus der Vergangenheit ersehen, wieso es dazu kam.

Ursachen kommen aus der Vergangenheit!

Deshalb schauen Sie unbedingt in die Vergangenheit, und erfahren Sie bei dieser Gelegenheit gleich eine ganze Menge über sich selbst.

Keine Panik! Das sind Lernaufgaben. Man lernt, sich und Andere besser zu verstehen! Dadurch erlangen Sie neue Erkenntnisse, die Sie wieder ein Stückchen weiter bringen werden.

Waagrechte und senkrechte Deutungslinien
der Vergangenheit und der Zukunft

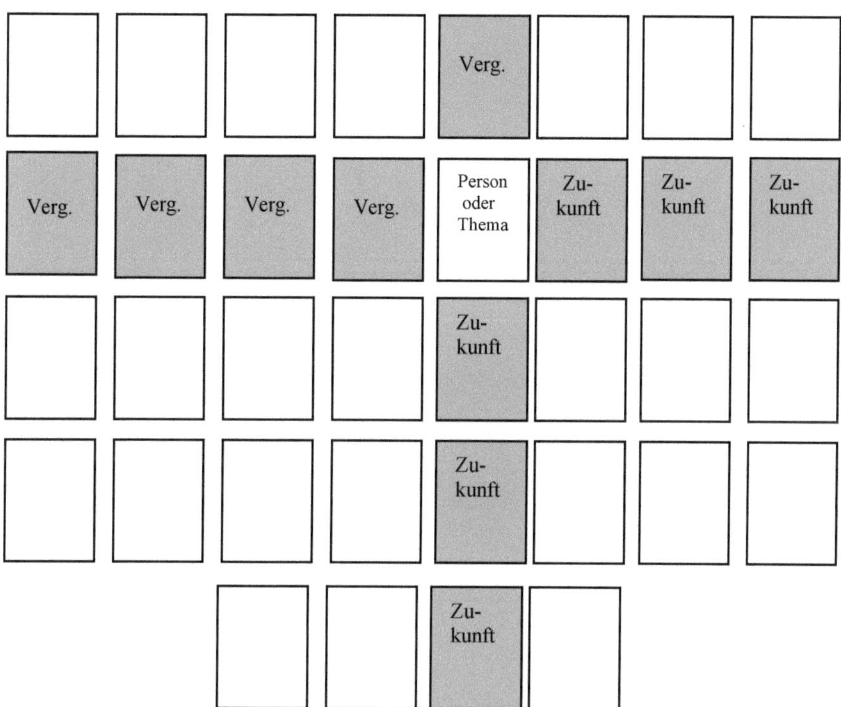

Sicher ist Ihnen schon aufgefallen, dass man manchmal, *aber nur manchmal,* keine sinnvolle Aussage machen kann.

Dies ist ganz normal,

es liegt sicher nicht an Ihnen. Verlieren Sie deshalb die Freude am Kartenlesen nicht. Manchmal scheinen zwei Karten um nichts in der Welt einen Sinn zu ergeben! Vielleicht sind Sie aber augenblicklich auch nur zu müde, um sich entsprechend zu konzentrieren, so dass Sie momentan einfach keine sinnvolle Aussage machen können. Machen Sie sich nichts daraus!

Übergehen Sie diese Karten einfach!

4. Beispiel: Wie steht es mit meiner Gesundheit? Momentan-Zustand, Vergangenheit, die nahe Zukunft (Fragerin)

Vorlage 5

						Nr.2 ↑	
						Nr.11 ↑	
Nr.25 ←	Nr.10 ←	Nr.6 ←	Nr.29 ←	Nr.23 ←	Nr.16 ←	Nr.8 Sarg	Nr.14 →
						↓ Nr.33	

Das Thema lautet:

Wie steht es mit der Gesundheit dieser Frau? Achten Sie im großen Kartenbild auf die Karte Nr. 8 (siehe Abbildung), sowie auf die Nr. 29 und fangen Sie an zu interpretieren.

Sie interpretieren:

....

....

....

....

Meine eigene Interpretation:

Wichtig:
Achten Sie bitte auf die Kombinationen!

Nr. 29 ist geschieden (25/10) und macht sich viele Gedanken. Sie ist sehr traurig, auch depressiv(23/16)und hat Angst (Nr.23).

Sie sollte auf ihre Gelenke achten (Nr.8+Nr.33), sonst könnten die Gelenkschmerzen (Rheuma) chronisch werden. (Nr.8+33+11+14 mit Fuchs chronisch).

*Nervliche Belastungen (8/2) begannen bereits in der **Vergangenheit** aufgrund der Ehescheidung (25/10).*

Noch ein Beispiel:

Soll dieser Mann umziehen?
Vergangenheit und die Zukunft

Vorlage 6

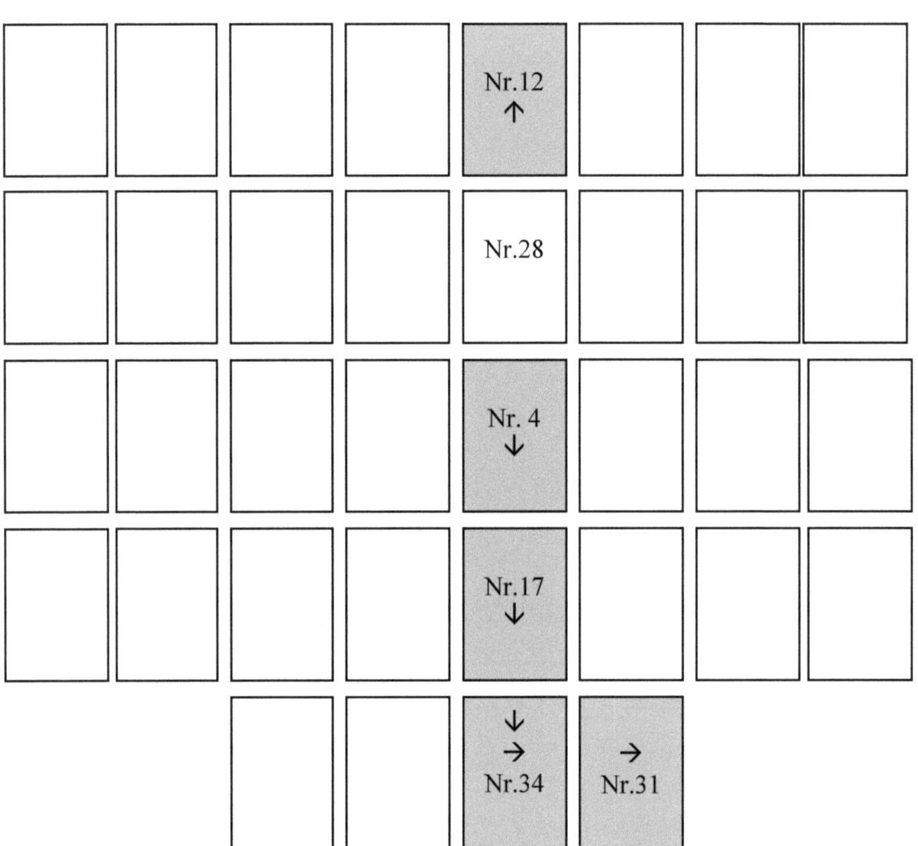

Das Thema heißt:
Dieser Mann möchte umziehen – soll er oder nicht?
Auf Nr. 28 achten!

Achten Sie im großen Kartenbild auf die jeweilige Karte (siehe Abbildung) und fangen Sie an zu interpretieren.

....

....

....

Meine eigene Interpretation:
Achten Sie bitte auf die Kombinationen!

Dieser Mann überlegt (Nr.12), ob er umziehen soll.
Ich würde ihm zu dem Umzug (Nr.4/Nr.17) raten, da die Karten Nr. 34/ Nr.31 am Ende der Deutungslinie liegen.

Läge beispielsweise anstatt Nr. 31 die Karte Nr. 23 am Ende, so bekäme er finanzielle Schwierigkeiten.

Weiteres zu diesem Themengebiet finden Sie im großen Selbstlernkurs.

Fünfter Schritt

Diagonale, senkrechte und waagrechte Deutungslinien der Vergangenheit und der Zukunft

Vorlage 7

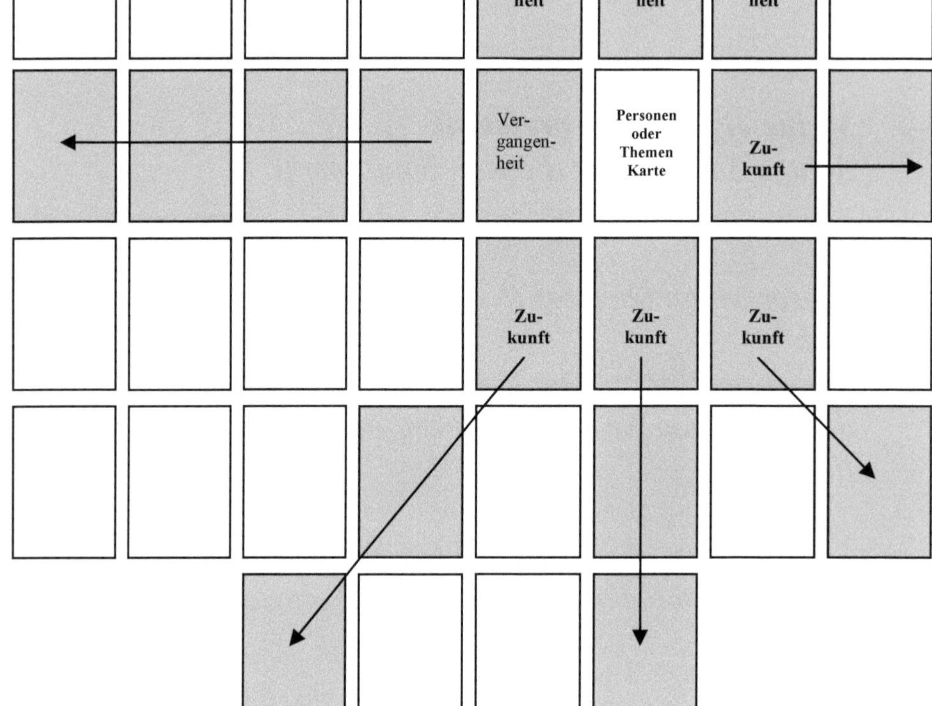

Sie interpretieren zuerst die Waagrechte und dann die Senkrechte, wie zuvor bei Schritt 4.
Das sind die Hauptdeutungslinien.
Die diagonalen Deutungslinien zeigen weitere Möglichkeiten, **aber eben nur Möglichkeiten,** bezüglich des ausgewählten Themas an.
Sie können sowohl eine negative als auch eine positive Aussage beinhalten.

Wie gesagt, die waagrechten und senkrechten Deutungslinien haben Vorfahrt.

Wenn Sie etwas über ein bestimmtes Thema (Liebe, Arbeit, Ehe usw.) wissen wollen, so orientieren Sie sich an Vorlage 7. Ganz gleich, wo die Themenkarte liegen mag.

Bleiben Sie immer innerhalb einer Deutungslinie und gehen Sie nach demselben System vor.

Lassen Sie sich Zeit, wenn Sie in die Deutungslinien schauen, sonst könnten Sie wichtige Dinge übersehen und daraus könnten dann Fehlinterpretationen entstehen.
Nun wird es ein klein wenig schwieriger. Mittlerweile haben Sie jedoch so viel geübt, daß es Ihnen nicht schwer fallen wird, gleich zu interpretieren.

Zur Erleichterung ziehen wir die Vorlage Fische heran. Zuerst interpretieren wir waagrecht und senkrecht, so dass Sie die Interpretation besser nachvollziehen können. Danach interpretieren wir dann die diagonalen Deutungslinien.

Viel Glück und Erfolg beim Lösen!

Das Übungsblatt – Fische – Finanzen waagrecht und senkrecht

Vorlage 8

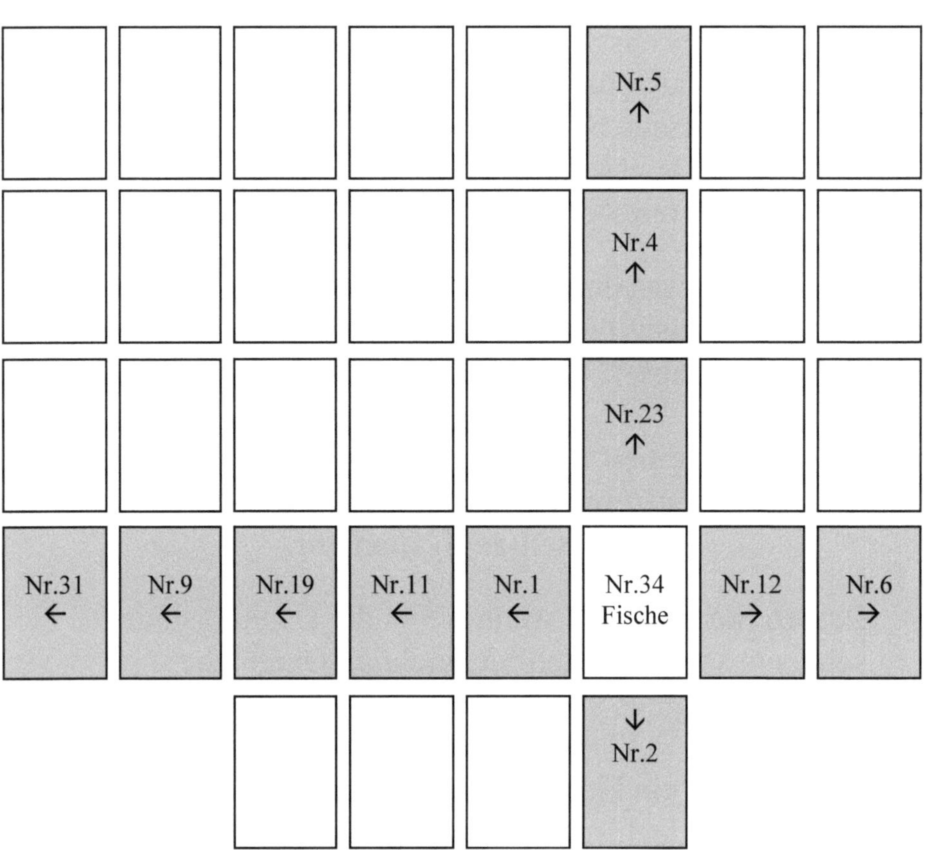

Nun interpretieren Sie

waagrecht: ....

....

senkrecht: ....

....

Meine persönliche Interpretation:

Die Frage war:

Wie sieht es mit den Finanzen aus?

Ich schaue zuerst in die **Zukunft.**
Ihr Kummer und Ärger mit den Finanzen löst sich wieder auf. Es kann alles wieder gut werden.

Nun schaue ich in die **Vergangenheit**,
um zu sehen, wie der Kummer entstand:
Beruflich war man sehr erfolgreich. Durch einen Hauserwerb (Karte Nr. 5 und Nr. 4 bedeuten Eigentum) kamen jedoch Geldprobleme auf.
Diese wirkten sich auch auf den Beruf aus.
So gab es auch bei der Arbeit Streit aufgrund dieser Probleme.

Zum guten Schluss könnte man noch sagen, beziehungsweise betonen:
Seien Sie sehr vorsichtig mit Ihren Geldausgaben, dann kann alles wieder in Ordnung kommen.

Diagonale, senkrechte und waagrechte Deutungslinien der Vergangenheit und der Zukunft im Zusammenhang – Fische – Finanzen

Vorlage 9

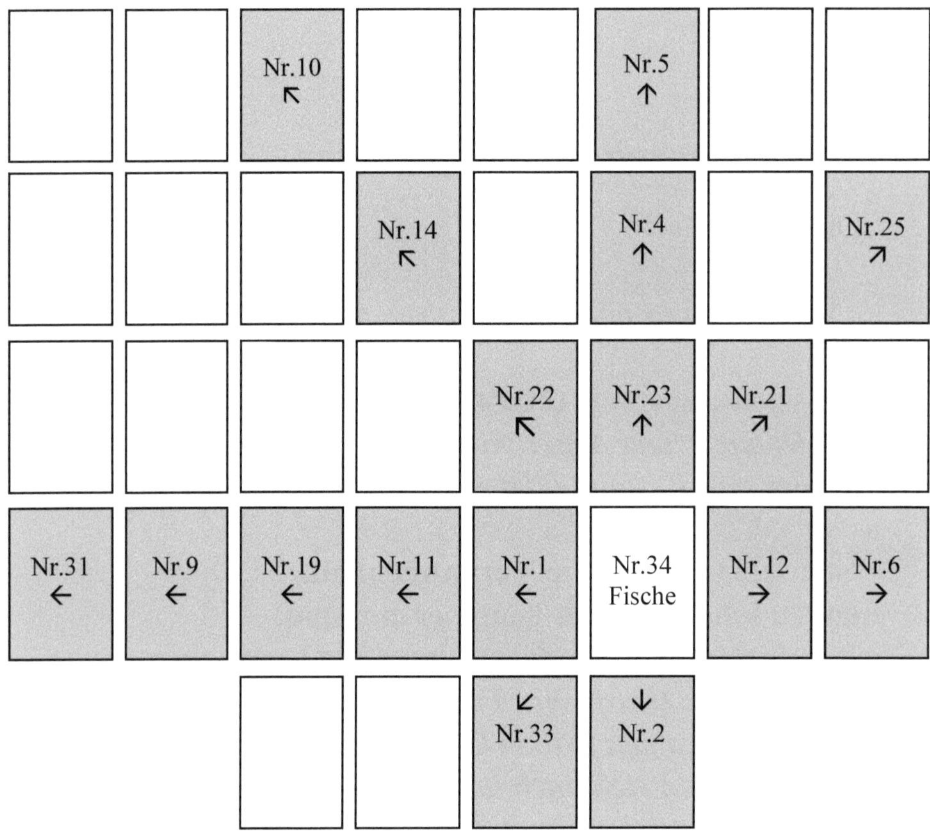

Sie interpretieren zuerst die Waagrechte und dann die Senkrechte, wie zuvor bei Schritt 4. Gehen Sie dann zu den Diagonalen über.

waagrecht: ....

senkrecht: ....

diagonal rechts: ....

diagonal links: ....

Meine persönliche Interpretation

Für die Vergangenheit:
Beruflich hatte man großen Erfolg. Aufgrund eines Hauserwerbs kamen jedoch finanzielle Probleme auf. Diese wirkten sich auch im Beruf aus .Dort gab es ebenfalls Streit.

Nun schaue ich in die diagonale Deutungslinie:
Durch diese Geldprobleme wurde die Ehe ebenfalls belastet.
Man musste diplomatische Entscheidungen treffen.

Für die Zukunft in der diagonalen Deutungslinie:
Die Zukunft könnte durch aktives Handeln positiv beeinflusst werden.(siehe Karte Nr. 33 Schlüssel + Karte Nr. 2 Klee)

Das heißt für die Zukunft:
Geldausgaben und Entscheidungen sollten gut überlegt sein. So wird sich alles wieder zum Positiven wenden und der Kummer und die Belastungen könnten sich auflösen.

Weiteres zu diesem Themengebiet finden Sie in meinem großen Selbstlernkurs.

Sechster Schritt

Das große Kartenbild jede 5. Karte herausnehmen

Vorlage 10

				heraus-nehmen			
	herau-nehmen					heraus-nehmen	
			heraus-nehmen				
heraus-nehmen					heraus-nehmen		
				heraus-nehmen			

Abdecken des großen Kartenbildes

Nehmen Sie jede fünfte Karte aus dem großen Kartenbild (Vorlage 10) heraus. Diese sieben Karten mischen und verteilen Sie mit **der Bildseite nach unten** auf dem Tisch.

Danach betrachten Sie das große Kartenbild. Überlegen Sie, zu welchem Thema Sie eine Karte legen wollen. Konzentrieren Sie sich. Sie wissen, dass die Karten dann klarere Aussagen machen. Ziehen Sie eine der 7 Karten und legen Sie diese verdeckt (Bildseite nach unten) auf eine Karte, über die Sie genaueres erfahren möchten, wie beispielsweise die Karte Nr. 28.
Ziehen Sie danach eine zweite Karte und legen diese auf eine weitere interessante Karte, wie beispielsweise Nr. 29.
Nun folgt die dritte Karte auf Ihr jeweiliges Thema (Liebe, Ehe, Arbeit, Geld usw.).
So verfahren Sie weiter bis alle 7 Karten verdeckt auf einer Themen- oder Personenkarte liegen. Danach decken Sie eine der abgedeckten Karten nach der anderen auf und deuten die so entstandenen Kartenpaar.

Zum Beispiel:
Sie legten eine Karte auf die Nr. 24 Herz und deckten die Karte Nr. 2 Klee auf.

Nr. 24 Herz + **Nr. 2 Klee**
Liebe *kleines Glück*

nun interpretieren Sie:

....

oder
Sie ziehen eine Karte Nr. 23 Ratte und legen diese auf die Karte Nr. 29

zum Beispiel:

Nr. 29 Frau + Nr. 23 Ratte

....

Meine Interpretation wäre:

Das 1. Kartenpaar sagt aus:
In der Liebe hat diese Frau Glück
Das 2. Kartenpaar sagt aus:
Diese Frau Nr. 29 hat Angst

Nun interpretieren wir zu einer sinnvollen Aussage:

Diese Frau hat Glück in der Liebe und zugleich Angst, diese wieder zu verlieren.

So verfahren Sie mit allen noch abgedeckten Kartenpaaren.

Dies ist eine zusätzliche Information zum großen Kartenbild.

Diese sieben abgedeckten Karten könnten die nächsten wichtigsten Ereignisse sein.
Das heißt auch, dass diese Paare wichtige Zusatzinformationen zum großen Kartenbild beinhalten können.

Siebter Schritt

Was sind Kombinationen?
Wie erkennt man sie im großen Kartenbild?

Kombinationen sind beim Kartenlesen von großer Wichtigkeit.

Kombinationen sind Sätze aus zwei (manchmal auch 3 oder 4) Karten, die zusammengehören und gemeinsam eine bestimmte Aussage beinhalten.
Diese Karten liegen im Kartenbild nebeneinander, unter Umständen allerdings auch etwas voneinander entfernt (Siehe Vorlage 11).

Noch einmal:
Bleiben Sie bitte immer innerhalb einer

Deutungslinie.

Das heißt: Entweder in der waagrechten, senkrechten, oder der diagonalen Deutungslinie. Ganz gleich, ob die Karten zusammen oder etwas entfernt voneinander liegen, springen Sie bitte nicht auf eine andere ***Deutungslinie*** über!

Einige wichtige Kombinationen:

Nr. 8 Sarg Nr. 23 Ratte	*Magen-Darm Erkrankungen*
Nr. 16 Stern Nr. 23 Ratte	*Depressionen, Suchtgefahr*
Nr. 36 Kreuz Nr. 25 Ring Nr. 9 Blumenstrauß	*Heirat oder Zusammenleben*
Nr. 15 Bär (Nr. 18 Hund) Nr. 24 Herz Nr. 33 Schlüssel	*Geliebter von Nr. 29*
Nr. 7 Schlange (Nr. 13 Kind) Nr. 24 Herz Nr. 33 Schlüssel	*Geliebte von Nr. 28*
Nr. 23 Ratte Nr. 24 Herz	*Nach Enttäuschung wieder Liebe*
Nr. 14 Fuchs Nr. 23 Ratte	*Betrug*
Nr. 27 Brief Nr. 34 Fische	*Vorsicht mit Verträgen (Geld)*
Nr. 23 Ratte Nr. 25 Ring Nr. 22 Wege	*Jeder geht seiner Wege (eventl. Trennung)*

Nr. 25 Ring Nr. 16 Sterne Nr. 23 Ratte	*Man leidet in der Ehe solange, bis man die Angst vor der Trennung überwunden hat.*
Nr. 34 Fische Nr. 6 Wolken	*Achten Sie auf Ihr Geld!*
Nr. 9 Blumenstrauß Nr. 34 Fische	*Gewinn, Glück mit Geld*
Nr. 17 Storch Nr. 4 Haus	*Veränderung im Wohnbereich oder Umzug*
Nr. 5 Baum Nr. 23 Ratte	*Lebensängste*
Nr. 36 Kreuz Nr. 23 Ratte	*Rückenschmerzen oder Zukunftsängste*
Nr. 32 Mond Nr. 8 Sarg	*Seelische Erkrankung oder Schlafstörungen*
Nr. 34 Fische Nr. 8 Sarg	*Achtung: auf Ernährung achten!*
Nr. 23 Ratte Nr. 34 Fische Nr. 11 Rute Nr. 33 Schlüssel	*großer Ärger wegen Zahlungsschwierigkeiten*

Weitere Kombinationen finden Sie im meinem Buch Kombinationen

Zukunftsdeutungslinie Ring waagrecht, senkrecht und diagonal

Vorlage 11

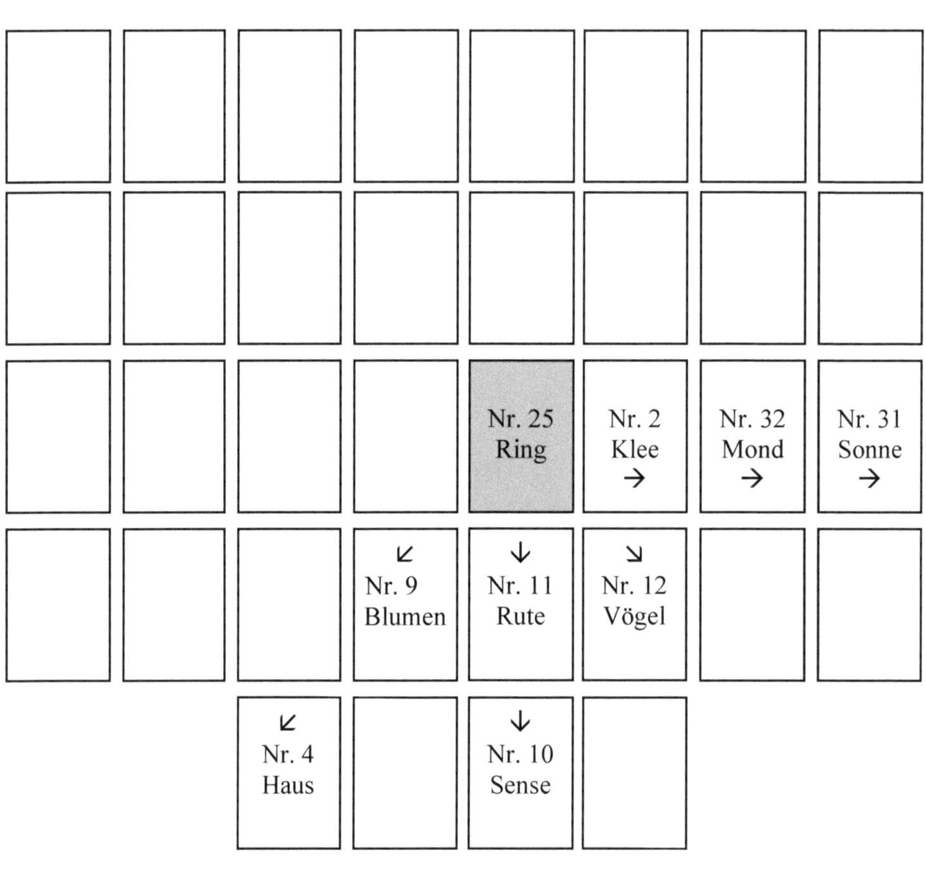

Bitte Interpretieren Sie

waagrecht: ....

senkrecht: ....

diagonal: ....

Nun fassen Sie die Aussagen zu einer sinnvollen Interpretation zusammen!

……………………………………………………

Die folgenden Lösungsvorschläge entspringen meiner ***persönlichen Intuition.***

Sie stellen eine ***mögliche Deutung*** dar.

Waagrecht:
Diese Partnerschaft ist glücklich, gefühlvoll und positiv.

Senkrecht:

Bald wird es zu Streitereien kommen. Die Partnerschaft könnte auseinander brechen.

Diagonale links:

Die Partnerschaft sollte/müsste harmonisch verlaufen. (Sie sollten sich bemühen, einander zu verstehen.)

Diagonal rechts:

Um diese Harmonie müssen sich beide Partner bemühen.

Zusammenfassung:

Die Partnerschaft ist glücklich. Beide Partner müssen sich im häuslichen Bereich um Harmonie bemühen. Ständige Streitereien sollten nach Möglichkeit vermieden werden. Es besteht die Gefahr des Scheiterns der Partnerschaft (Scheidung oder Trennung).

Zukunftsdeutungslinien Ring waagrecht, senkrecht und diagonal

Vorlage 12

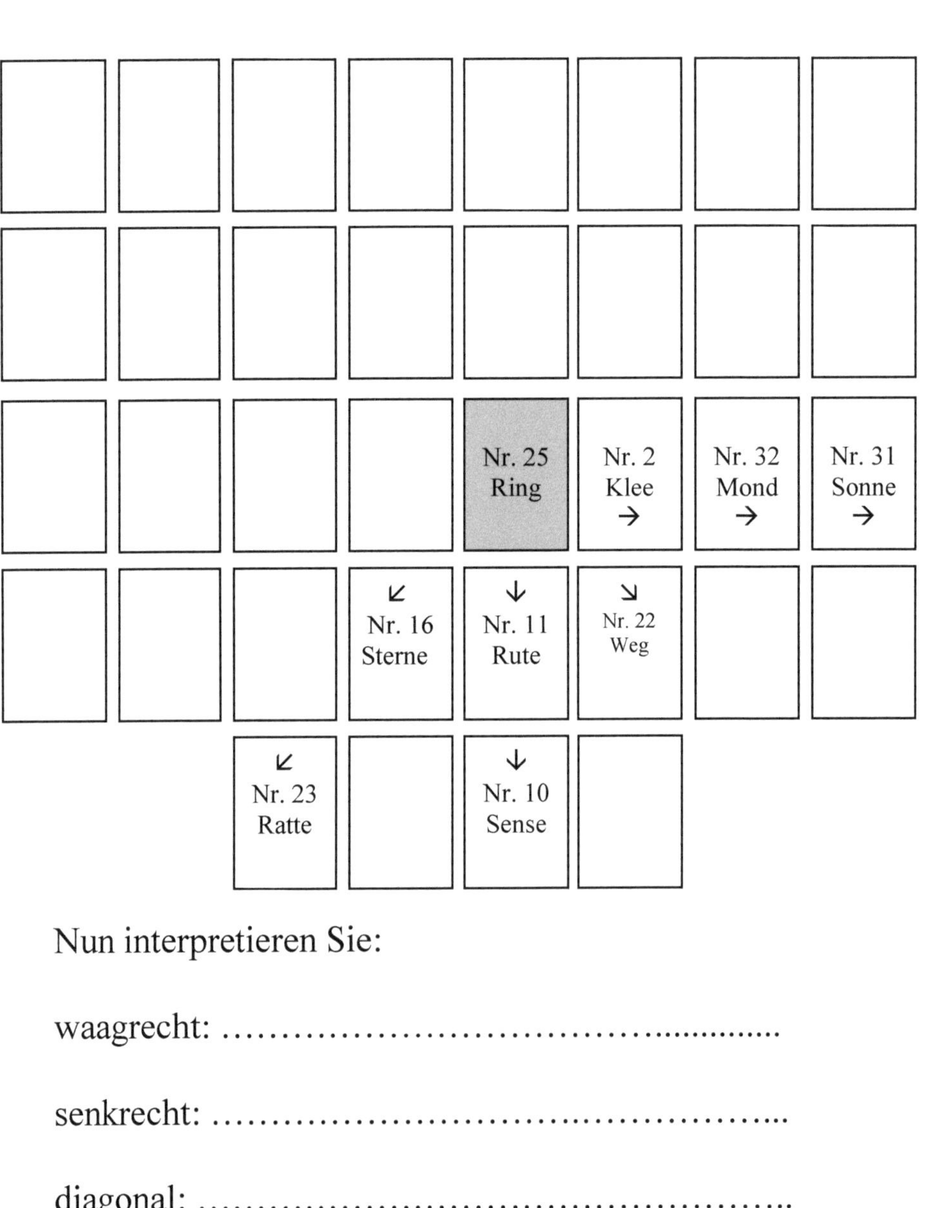

Nun interpretieren Sie:

waagrecht: ....

senkrecht: ....

diagonal: ....

Nun fassen Sie die Aussagen zu einer sinnvollen Interpretation zusammen:

....

....

....

Meine persönliche Interpretation:

Waagrecht: *Diese Partnerschaft ist glücklich, gefühlvoll und verläuft positiv.*

Senkrecht: *Bald wird es zu Streitereien kommen. Die Partnerschaft könnte auseinander brechen.*

Diagonal links: *Durch die Streitereien in der Partnerschaft wird man traurig und depressiv.*
Diagonal rechts: *Die Partner werden sich trennen.*

Zusammenfassung:
Die Partnerschaft verläuft momentan glücklich. Allerdings kommt es durch die ständigen Streitereien zu Depressionen.
Wenn keine positive Lösung gefunden wird, ist die Gefahr der Trennung sehr groß (Scheidung).

Weiteres zu diesem Themengebiet finden Sie im großen Selbstlernkurs.

Beispielvorlage zu Kombinationen Ring/Sense

4 verschiedene Möglichkeiten waagrecht, senkrecht und diagonal

Vorlage 13

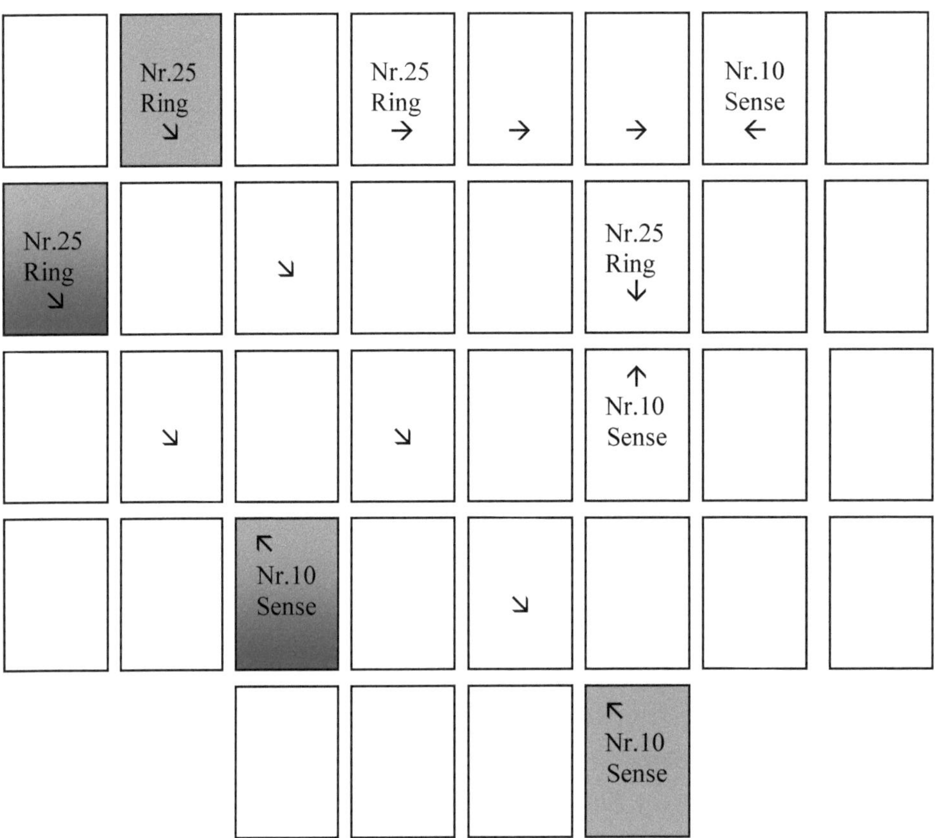

1. Beispiel: waagrecht

In der waagrechten Deutungslinie erkennen wir, dass ***Ring*** und ***Sense*** entfernt voneinander liegen.

Dies bedeutet, dass die Karten, die zwischen ***Ring*** und der ***Sense*** liegen, besonders zu beachten sind. Hier liegen eventuell Möglichkeiten, die Scheidung zu verhindern.

2. Beispiel: senkrecht
In der senkrechte Deutungslinie liegen ***Ring*** **und** ***Sense*** untereinander.
Das heißt: Man lebt in Scheidung oder sie kommt.

3. und 4. Beispiel: diagonal
In der diagonalen Deutungslinie liegen Ring und Sense etwas entfernt voneinander. Das bedeutet, dass die Scheidung eventuell noch zu verhindern wäre.

Mein persönlicher Ratschlag:

An diesen Beispielen lässt sich sehr gut erkennen, dass man mit seiner Interpretation sehr vorsichtig sein muss.

Sie sollten zunächst alle Deutungslinien lesen, um daraus eine sinnvolle Interpretation zu schaffen.
In unseren Beispielen ging es darum, ob eine Scheidung noch zu verhindern ist. Dies ist ein sehr schwieriges Thema und muss sehr vorsichtig behandelt werden.

Sehen Sie sich daher bitte alle Deutungslinien genau an, bevor Sie eine ***schwerwiegende Äußerung von sich geben.***

Bitte denken Sie daran, dass Menschen oft erst dann Rat in den Karten suchen, wenn sie in eine gewisse Notlage geraten sind. So ist der Umgang mit den Karten eine verantwortungs- volle Aufgabe.
Man sollte niemals leichtfertig und oberflächlich damit umgehen. Es gehört sehr viel Einfühlungsvermögen dazu.

Testen Sie sich

1. Ist die erste Karte im Kartenbild eine wichtige Karte?
   ja……….nein……..…

2. Was bedeutet es, wenn eine Frau (Fragerin) die Karten mischt und dann die erste Karte im großen Kartenbild die Nr. 29 ist? Ist sie Zukunftsorientiert?
   Ja……….nein……….

3. Was bedeutet es, wenn eine Frau (Fragerin) die Karten mischt und dann die letzte Karte im großen Kartenbild die Nr. 29 ist? Schaut sie in die Vergangenheit?
   Ja……..…nein……….

4. Müssen alle Karten im Tableau gedeutet werden?
   Ja………. nein………..

5. Ist es wichtig, die erste Karte zuerst anzusehen?
   Ja………. nein………

6. Ist es wichtig, die letzte Karte in die Deutung mit einzubeziehen? Ja…………nein……….

7. Ist es wichtig, welche Karte im großen Kartenbild neben dem Frager oder der Fragerin liegt?
   Ja……….nein……….

8. Ist es wichtig, welche Karte im großen Kartenbild neben der Arbeit, Liebe, Ehe, Finanzen usw. liegt? Ja…………nein….……

9. Ist es wichtig, auf Kombinationen zu achten?
   Ja…………nein.………

Lösungen zu den Testaufgaben

Die folgenden Lösungsvorschläge entspringen meiner persönlichen Intuition.

1. Ist die erste Karte im Kartenbild eine wichtige Karte?
ja
2. Was bedeutet es, wenn eine Frau (Fragerin) die Karten mischt, und dann die erste Karte im großen Kartenbild die Nr. 29 ist?
Sie ist zukunftsorientiert
3. Was bedeutet es, wenn eine Frau (Fragerin) die Karten mischt, und dann die letzte Karte im großen Kartenbild die Nr. 29 ist?
Sie denkt an die Vergangenheit
4. Müssen alle Karten im Tableau gedeutet werden?
nein
5. Ist es wichtig, die erste Karte zuerst anzusehen?
ja .
6. Ist es wichtig, die letzte Karte in die Deutung mit einzubeziehen?
ja
7. Ist es wichtig, welche Karte im großen Kartenbild neben dem Frager oder der Fragerin liegt?
ja
8. Ist es wichtig, welche Karte im großen Kartenbild neben der Arbeit, Liebe, Ehe, Finanzen usw. liegt
ja
9. Ist es wichtig, auf Kombinationen zu achten?
ja

Nun ist dieser Einführungskurs ***„Britta führt Sie mit 7 schnellen Schritten in das Kartenlegen ein“*** beendet.

Dieser Kurs
ist in Deutsch, Englisch, Italienisch, Französisch oder Spanisch, Rumänisch und Russisch erhältlich.

Auch als Geschenk-Idee geeignet.

Wenn Sie tiefer in die Materie des Kartenlegens einsteigen möchten, und diese **neben-** oder **hauptberuflich** ausüben wollen, dann empfehle ich Ihnen

den großen Selbstlernkurs im Selbststudium

Info zu Seminaren mit Britta:
Telefon 00+(49) 711/316 7200

Brittas Wahrsagekarten mit Begleitbuch

Jede Karte wird ausführlich erklärt und gedeutet, anhand des exklusiv für Britta gestalteten außergewöhnlichen Kartendecks

- Viele zusätzliche Anregungen und Denkanstöße.
- Zuordnungen zu Sternzeichen, Edelsteinen, Farben, Chakren, Berufen und Eigenschaften;
- Zeitkarten sind mit dem Symbol einer Uhr gekennzeichnet, Zukunftskarten mit einem Auge.

Weitere Bücher im Brika-Verlag

Das Interpretieren lernen, die Kombinationen auf einen Blick erkennen, weitere Legesysteme und Deutungsmethoden.

Lehrbücher Professionelles Kartenlegen (Zur Vertiefung des Kartenlegens)

Sie wollen tiefer in das Kartenlegen eindringen, mehr Wissen sammeln und sich vielleicht sogar selbständig machen?

Ergänzungsbücher zum Kartenlegen (Auch zu anderen Kartendecks einsetzbar)

Sie haben eine schnelle Frage z.B.

- Wie sieht es heute mit meiner Stimmung, Laune aus?
  *Ziehen Sie eine Stimmungskarte
- Wie soll man auf einen Disput reagieren?
  *Ziehen Sie auf die Frage eine Ergänzungskarte
- Weshalb ist etwas geschehen?
  *Ziehen Sie eine Zigeunerkarte, um die Antwort zu erhalten.

Apprenez facilement la cartomancie

Britta introduit en 7 leçons vîtes dans la cartomancie

Remerciements

La reproduction des illustrations du jeu de cartes « Les cartes d'art divinatoires de Mlle Lenormand » est faite, même sur Internet, avec l'autorisation de la société AGM AGMüller, Neuhausen/Suisse.

La reproduction des illustrations du jeu de cartes « Les cartes d'art divinatoires de Madame Lenormand de Britta Kienle» est faite, même sur Internet, avec l'autorisation de Brika-Verlag, Esslingen, Allemagne.

Tous mes remerciements à la maison d'édition.
Je remercie Mme. Maria Walker pour la traduction du présent volume.

Esslingen, en décembre 2001/2009

Art de la cartomancie et de la lecture des cartes

La **cartomancie** est une **tradition transmise** de génération en génération depuis des siècles. S'imaginer la vie quotidienne sans elle serait, même encore de nos jours, inconcevable. Des individus de plus en plus nombreux cherchent dans cet art

Conseil et aide pour leur vie.

Une des représentantes les plus importantes et, même de nos jours, les plus reconnues est **Mlle. Lenormand**. Elle a vécu à Paris du 27 mai 1782 au 25 juin 1843 et était consultée par de nombreuses personnalités de la noblesse et de la vie politique. Grâce à cet art, j'ai pu, depuis de nombreuses années, aider beaucoup de personnes. Forte de cette expérience, je ressens le besoin de transmettre cet

Art de la cartomancie

à toute personne intéressée afin de conserver cette tradition.

Je suis convaincue du fait
que ce Cours compact de la
Cartomancie en 7 leçons pour la vie
Quotidienne avec en plus des exercices
à faire soi-même vous apportera beaucoup
de plaisirs et de joies.

Sommaire :

Ce manuel est paru en Allemand, Anglais, Italien, Portugais, Russe, Roumain et Espagnol

Comprendre les cartes et apprendre à les interpréter

Le plus important:

1e La signification:
Bien assimiler chaque carte et la laisser produire son effet sur vous.

2e Apprendre à voir:
Pour cette raison nous avancerons pas à pas.

3e Faites preuve d'intuition:
Il est également très important d'écouter sa voix intérieure. C'est une chose qui peut paraître difficile pour certains au début, mais l'intuition est un don dont nous sommes dotés par la nature.
Mais, dans la vie trépidante, les hommes ont souvent perdu tout contact avec l'intuition!

4e L'interprétation:
Tous les jours, exerciez-vous pendant 15 minutes avec vos cartes!
Etablissez le contact avec les cartes et prononcez à haute voix la signification de chaque carte. Vous apprendrez d'autant plus vite.
Acceptez que, certains jours, vous ne réussissez pas l'interprétation aussi bien que d'autres jours. Il n'y a rien de plus normal.

Continuez quand-même vos exercices!

Au cours des pages suivantes, je vous expliquerai la compréhension et l'interprétation des cartes en sept leçons faciles à apprendre.

Ces leçons sont extraites des manuels du grand cours autodidacte.

Arrivé à la fin de ce cours, vous serez étonné de la quantité de choses que vous saurez lire dans les cartes.
De même, vous comprendrez que votre sensibilité s'affine toujours davantage.

vous souhaite beaucoup de plaisir et de succès
en apprenant a lire les cartes.

Un conseil au sujet des angoisses:

Les problèmes et dissensions privés ou professionnels peuvent produire ou aggraver des angoisses, surtout chez les personnes sensibles au point que ces angoisses influent sur la vie quotidienne, voire la dominent.

J'ai connu ce problème personnellement.

Alors, j'ai appris à me faire les cartes, j'ai commencé à développer ma sensibilité, à écouter plus intensement ma ***voix intérieure***. Il ne faudrait tout de même pas oublier que la cartomancie vous offre uniquement une possibilité ou une voie que l'on peut suivre mais que l'individu peut tout aussi bien, librement, à chaque instant, choisir un autre chemin. En tout état de cause, les cartes peuvent vous :

- Inciter à la réflexion,
- Peut-être même produire une impulsion à entreprendre quelque chose
- donner des indications pour éviter les problèmes.

Cette connaissance vous apprendra à trouver la voie que ***vous*** voulez suivre. Car, il faut bien prendre soi-même ***sa destinée en main.***

Une sollicitation personnelle:
Ne vous faites-vous pas les cartes pour le moindre problème que vous rencontrez.

Ne vous rendez pas dépendant,
Faites confiance à votre voix intérieure!

Première leçon

1. Cavalier
nouvelle, entretiens
p. ex. : vous aurez des entretiens :
tendres, secrets, astucieux, en dispute etc.

2. Trèfle
petit bonheur,
bonne réussite,
bonne fin

3. Navire
petit voyage,
ville voisine,
dans le propre pays

4. Maison
domaine domestique,
autour et à l'intérieur de la maison, sentiment de sécurité

5. Arbre
représente la vie:
ascendance, stabilité,
choses qui arriveront
avec certitude

6. Nuages
mystérieux,
qc. d'obscur,
difficile à reconnaître
ambiguïtés

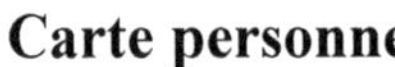

Carte personne

7. Serpent
mère, grand-mère
tante, etc., dame
d'un certain âge ou amie,
collègue femme,
ex-épouse
ou maîtresse

Carte négative

8. Cercueil
santé,
mort (quelque chose
de mort pour celui qui pose
la question)

9. Bouquet de fleurs
grand bonheur,
cadeau,
approbation,
invitation,
cérémonie de fête

10. Faux
fin soudaine,
renouveau soudain,
imposition

Carte négative

11. Verge
ennuis,
contrariété,
dispute

Carte négative

12. Oiseaux
efforts passagères
chagrin
(petit chagrin)

Carte personne

13. Enfant
enfant,
une collègue de travail,
jeune femme,
amie,
maîtresse

14. Renard
en combinaison avec carte positive: bon sens, intelligence, astucieux, futé,
en combinaison avec carte négative:
fausseté, vol

Carte personne

15. Ours
père, grand-père, oncle etc.,
homme d'un certain âge,
collègue homme,
ex-époux,
ami, amant

16. Etoiles
intuition, âme, langueur

17. Cigogne
changement, renouveau,
transformation, mobilité,
technique

Carte personne

18. Chien
enfant, fils, fille
(garçon manqué)
frère, ami, jeune homme,
amant

19. Tour
école, formation,
travail

20. Jardin
public.
foule

21. Montagne
force, puissance, grandeur,
puissant, large, gros,
obstacle insurmon-
table,
blocage

22. Chemin
chemins séparés,
prendre des décisions
chercher des solutions

Carte négative

23. Rat
perte, peur,
carte de la maladie
aussi,
(qc. mange et ronge la
personne chez laquelle
se trouve cette carte).

24. Cœur
amour, cordialité

25. Anneau
mariage, couple,
association, contrats

26. Livre
savoir appris,
secret,
recueillir du savoir,
qc. n'est pas encore
arrivé à maturité

27. Lettre
contact par écrit,
(courrier, contrats)
téléphone, fax, mél,
contact rapide en cours
de route

Carte personne

28. Homme
personne en quête,
mari ou compagnon
de la carte n° 29 (femme)

Carte personne

29. Femme
personne en quête,
épouse ou compagne
de la carte n° 28 (homme)

30. Lys
excitation avec une
carte positive (sexe),
énervement avec
une carte négative
(trépidation)

31. Soleil
succès, chaleur,
sud, été

32. Lune
sentiments,
approbation,
soirée, nuit, nord

33. Clés
punch, travail,
habilité des mains,
activités

34. Poissons
argent,
finances

35. Ancre
vieillesse, longueur,
profondeur,
étranger,
voyage au loin

36. Croix
avenir,
croyance

Le premier pas, c'est de votre attitude intérieure qu'il dépend. Détendez-vous et n'exercez aucune pression sur vous-même quant au résultat que vous voulez obtenir. Restez serein et ouvert à vos intuitions. Ainsi, vous pourrez lire plus facilement et avec plus de clarté ce que les cartes expriment.

Votre subconscient ne connaît que le langage des images et des symboles

Battez les cartes et posez-les sur la table de façon que les images soient tournées vers le bas. Etalez-les bien avec les deux mains.
- Vous pouvez également les disposer en éventail.

Au début, ne tirez et n'interprétez que deux cartes.
Cela vous facilitera l'apprentissage.
Je vous fais part ici de ma propre expérience.

Maintenant, de la main gauche, tirez une carte.
Regardez-la bien et rappelez-vous sa signification à haute voix. Au cas où vous l'auriez oubliée, relisez-la encore une fois. Au début, il est difficile de se rappeler toutes les significations.

Exemple:

Vous avez tiré la carte n° 25 **anneau**
- mariage ou couple.

Réalisez ce que vous désirez savoir.
Votre subconscient
connaît déjà la réponse. Vous pourriez demander par exemple:

Que veut me dire cette carte?

Tirez encore une autre carte, par exemple le n° 2 **Trèfle** - petit bonheur -.
Nous allons combiner maintenant ces deux cartes ensembles.

N° 25 Anneau	+	***N° 2 Trèfle***
Mariage ou couple		*petit bonheur*

- Le couple
(marié ou non marié) est heureux -

Maintenant quelques exercices:

Interprétez et faites fonctionner votre intuition.
En vos ***propres termes,*** avec une phrase ou deux; c'est seulement le sens des mots qui doit convenir.
Inscrivez ***vos*** réponses dans les exercices suivants.
N'oubliez pas qu'il n'y a pas de réponse fixe ou absolument juste !
La cartomancie est un oracle et VOUS seulement pouvez interpréter ce que les cartes VOUS disent.

En bas des exercices vous trouverez ***mes*** propres interprétations qui, en ***mes*** propres termes, donnent une interprétation possible.

Je vous souhaite bien du plaisir avec les exercices!

Maintenant, battez les cartes de nouveau sur la table – comme décrit plus haut –.
Tirez de nouveau une carte de la main gauche. Le côté gauche étant votre côté intuitif, il faut toujours tirer les cartes de la main gauche.

Vous prenez par exemple:

N° 22 Chemin + ***N° 9 Bouquet de fleurs***
Nouveaux chemins *Grand bonheur*

Vous interprétez:

....

Encore un exemple:

N° 4 Maison + ***N° 11 Verge***
Domaine domestique *Dispute*

....

Ma propre interprétation

N° 22 Chemin **+** ***N° 9 Bouquet de fleurs***
Nouveaux chemins *Grand bonheur*

Vous poursuivez de nouveaux chemins qui vous apporteront du bonheur –

N° 4 Maison **+** ***N° 11 Verge***
Domaine domestique *Dispute*

Il y aura une dispute dans le domaine domestique

Maintenant, vous désirez savoir :

Comment se terminera la dispute dans le domaine domestique?

Vous prenez une nouvelle carte, p. ex. la carte N° 2 Trèfle.

N° 4 maison + N° 11 Verge + Trèfle
domaine domestique dispute bonheur

Il y aura une dispute dans le domaine domestique qui finira bien.

Si vous aviez pris la carte N° 23 Rat, l'interprétation aurait été négative.

N° 4 Maison + N° 11 Verge + N°23 Rat
domaine domestique dispute perte, ronger

Il y a une dispute dans le domaine domestique, celle-ci vous ronge.

Vous devriez faire cet exercice tous les jours. Ainsi, vous apprendrez la signification des cartes facilement et vous la comprendrez aisément.

Leçon deux

Battement des cartes et étalement du Tableau (Le Grand Tableau)

Battez les cartes au moins 7 fois et formulez, au cours du battement, clairement vos questions.
Réalisez aussi, ce que vous désirez savoir exactement.
Votre subconscient connaît déjà les réponses.

Par exemple:

Comment me sens-je au fond de moi-même?
Qu'est-ce qui pourrait m'attendre?
Qu'est-ce qui m'est arrivé?
Quelle est ma situation professionnelle, comment continuera-t- elle?
Dans quelle situation est mon couple, maintenant et dans l'avenir?
Est-ce qu'un nouvel amour pointe à l'horizon?

Ne posez pas trop de questions, sinon votre subconscient pourrait être surmené.

Alors, posez les 36 cartes, les images tournées vers le bas, comme il est montré dans le modèle N° 1.

4 rangs à 8 cartes chacun et
1 rang avec les 4 cartes restantes

Voilà devant nous le tableau avec les 36 cartes.

Important: retenez ceci:

Lorsque la première carte est la ***carte de personne*** (n° 28 ou n° 29), la personne est tournée vers *l'avenir.*

Lorsque la ***carte de personne*** se trouve au bout du tableau, la personne pense souvent *au passé.*

La première carte du tableau vous montre le sujet le plus important à l'heure actuelle (p.ex. la maison, le couple, un voyage etc.).

Retenez surtout ces deux cartes:

N° 29 Femme - ou c'est vous-même ou la personne qui pose les questions, ou c'est la partenaire du n° 28. Cela dépend de la personne pour qui les cartes sont tirées.

N° 28 Homme - ou c'est vous-même (si vous êtes un homme) ou la personne qui pose les questions, ou c'est le partenaire du N° 29.

Modèle 1

Sujet: l'Amour

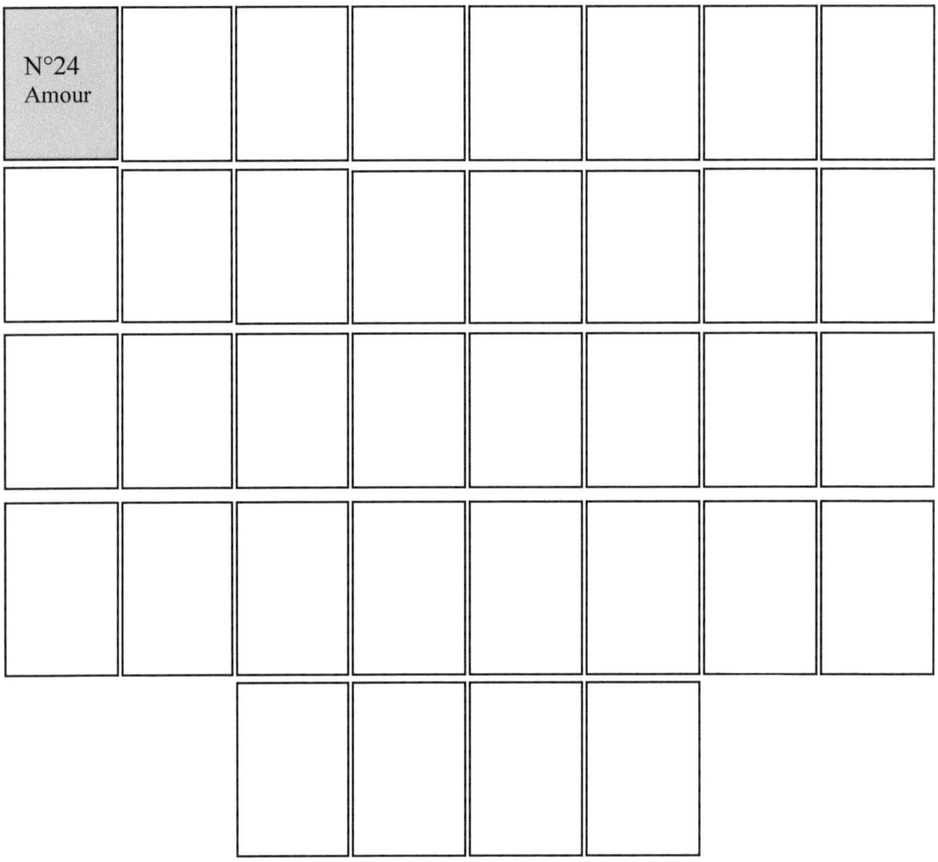

N°24 Amour							

Vous avez étalé le grand tableau et, dès maintenant, vous êtes capable de dire deux choses avec certitude

La première carte vous indique le sujet.
- Le sujet c'est l'amour -

Si la personne en question se trouve au 1e rang, elle est tournée vers l'avenir.

Si la personne en question se trouve au 4e ou 5e rang, elle songe au passé.

Maintenant, nous nous entraînons à lire toutes les cartes d'un rang. A commencer à la première jusau'à la dernière carte d'un rang horizontal.

24 Cœur →	6 Nuages →	12 Oiseaux →	28 Homme →	32 Lune →	21 Montagne →	3 Bateau →	31 Soleil →

Il y a des ambiguïtés au sujet de l'amour et du chagrin au sujet du partenaire.
Blocage quant aux sentiments du partenaire.

Retenez bien ceci:

Puisque le **soleil** se trouve au bout du rang, cette **union** est bonne.
Nous voyons que l'**amour** prédomine, étant donné la 8e carte (*soleil*) qui se trouve au bout du rang.
(Le **chagrin** et les **blocages** – peut-être un apprentissage à faire ?)

Si, au contraire, la 8e carte, au bout du rang, était une carte négative, il faudrait bien se poser des questions au sujet du couple.

Maintenant, nous nous excerçons avec un rang de cartes.

du n° 28 Homme vers l'avenir sur la droite
du n° 28 Homme vers le passé sur la gauche

4 Maison ←	11 Verge ←	12 Oiseaux ←	28 Homme	17 Cigogne →	6 Nuages →	16 Etoiles →	9 Bouquet →

Interprétez l'avenir en partant du n° 28 vers la droite

……………………………………………………………......

Interprétez le passé en partant du n° 28 vers la gauche

……………………………………………………………......

Maintenant combinez l'interprétation du passé et de l'avenir

………………………………………………………………

Ma proposition personnelle:

Cet homme n° 28 avait, dans le ***passé****, du chagrin et des ennuis dans le domaine domestique.*
Pour l'avenir, qu'on ne peut pas encore discerner complètement, il aspire au changement. Tout finira bien, (puisque le n° 9 se trouve au bout du rang).

Leçon trois

Nous nous exerçons dans l'état actuel et le proche avenir

			Pense encoreà ce qui est ou était				
		C'est en ce moment ou vient de finir	**Personn e ou sujet**	**C'est en ce moment ou arriver**			
			Sera ou deviend ra ainsi ainsi				

Sur la page suivante, nous allons faire quelques exercices.

Vous verrez que cela fait plaisir de voir le présent et le proche avenir.

Ne craignez pas de voir de choses inquiétantes de votre futur.

Je vous dis ceci:

L'interprétation des cartes doit vous aider dans la vie et non pas faire peur.

L'Etat actuel

Prenez le modèle n° 2, vous pourrez plus facilement suivre et comprendre l' interprétation.

Exemple:

Etalez les carte comme démontré au modèle n° 2.

1. La ***carte personne (CP),*** **N° 28 ou N° 29** au **milieu**,
2. **Au dessus** de **N° 24 Cœur** - amour,
3. **à gauche de *CP*** **N° 12 Oiseaux** - chagrin,
4. **à droite de *CP*** **N° 6** - ambigu,
5. **en dessous** de ***CP*** **N° 2 Trèfle** - p. bonheur.

Maintenant nous combinons et interprétons cette constellation:

1. *La personne songe à l'**amour**.*

2. *Il y a peu de temps, elle avait du **chagrin**.*

3. *Actuellement, il y a des **incertitudes**.*

4. *Tout finira **bien**.*

Modèle 2

Etat actuel 2

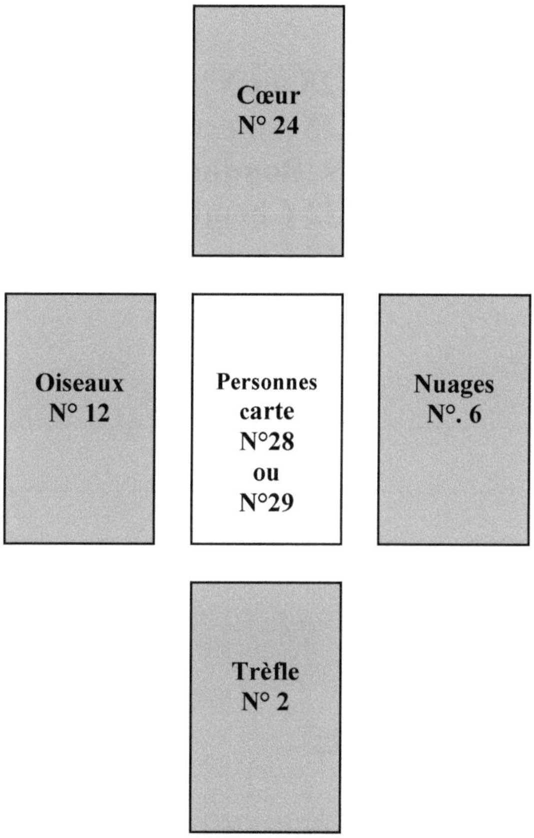

	Cœur N° 24	
Oiseaux N° 12	Personnes carte N°28 ou N°29	Nuages N°. 6
	Trèfle N° 2	

Encore un exemple:

Prenez le modèle n° 3, vous pourrez plus facilement suivre et comprendre l' interprétation.

1. La ***carte personne (CP),*** **N° 28 ou N° 29** au **milieu**,
2. **Au dessus** de ***CP*** **N° 25 Anneau** - mariage,
3. **à gauche de *CP*** **N° 9 Bouquet** - gr. bonheur,
4. **à droite de *CP*** **N° 22 Chemin** - décision,
5. **en dessous** de ***CP*** **N° 10 Faux** - fin soudaine.

Votre interprétation:

....

....

....

....

Ma proposition personnelle:

1. La personne songe au ***mariage.***

2. Il y a peu de temps, elle était ***heureuse.***

3. Actuellement, elle cherche une ***solution***
ou veut prendre une ***décision***

4. Elle cherche une solution (CP + n° 22)
éventuellement, elle cherche à éviter un
divorce (N°25 + N°10)

Modèle 3

Etat actuel 3

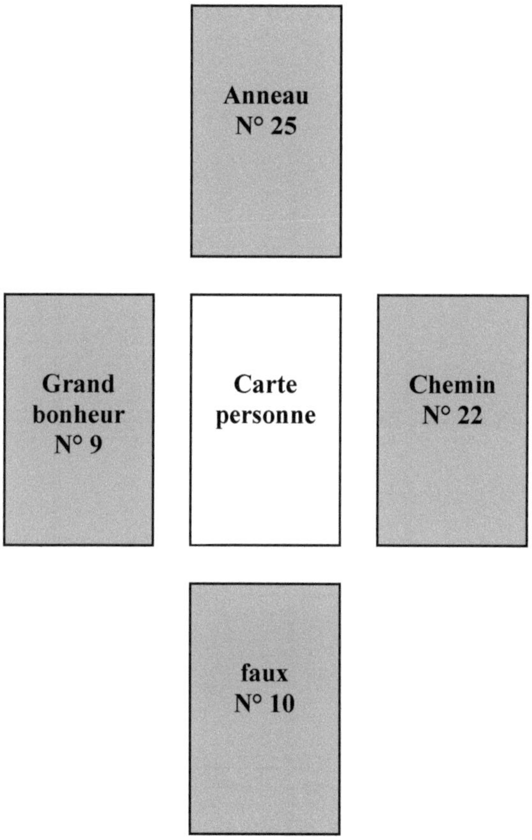

Anneau
N° 25

Grand bonheur
N° 9

Carte personne

Chemin
N° 22

faux
N° 10

Modèle 4

Maintenant nous regardons un tableau de cartes de près – le sujet est par exemple :
L'amour, où en est-on ?

Etat actuel et proche avenir

	N°23 Rat						
N°16 Etoiles	**N° 24 Cœur**	N° 2 Trèfle					
	N°9 Bouquet						

Le sujet s'appelle:
L'amour, où en est-on ?
Regardez la carte N° 24 dans le grand tableau
- voir le modèle -
et commencez à l'interpréter.

Regardez le modèle 4

Vous interprétez:

....

....

....

....

Ma propre interprétation:

Après un grand chagrin d'amour (N°23+N°24)
et de la tristesse (23+16) dans le passé, un grand
et bel amour viendra dans l'avenir (N° 24+N°2+N°9).

Vous pouvez constater que la cartomancie n'est pas si difficile que cela.
Seulement, il faut s'exercer avec une grande régularité.
Faites toujours confiance à vos intuitions spontanées.

Leçon quatre

Lignes d'interprétation horizontale et verticale

Maintenant, nous regardons de près les lignes d'interprétation horizontale et verticale.

Important:

Dans le grand tableau, il faut faire bien attention aux lignes d'interprétation horizontale et verticale.

Il s'agit là des lignes d'interprétation principales

ce qui signifie qu'il faut les regarder en premier. Ceci vaut pour tous les sujets que vous avez introduit dans le tableau.

La ligne d'interprétation du **passé** vous indique le Comment et le Pourquoi **.**

Cela veut dire:
Si actuellement vous avez des problèmes d'amour, c'est dans le passé que vous pourriez en trouver le Pourquoi.

- Les causes viennent du passé -

C'est pourquoi il faut toujours regarder le passé, c'est là que vous pourrez apprendre beaucoup sur vous-mêmes. Il s'agit là d'exercices qui vous aideront à mieux comprendre vous-même et autrui. En les faisant, vous obtiendrez des connaissances qui vous aideront à avancer dans la vie.

Lignes d'interprétation horizontale et verticale du passé et de l'avenir

					Passé		
Passé	Passé	Passé	Passé	Passé	Carte Person ne ou Sujet	Avenir	Avenir
					Future		
					Future		
					Future		

Vous avez certainement remarqué qu'il est impossible parfois, *mais seulement parfois,* de faire une déclaration probante. ***Ceci est tout à fait normal,***

cela ne dépend pas de vous. Ne vous découragez pas et ne perdez pas l'enthousiasme de faire de la cartomancie. Parfois, la combinaison de deux cartes ne fait pas de sens, parfois vous êtes trop fatigué pour le moment pour trouver un sens plausible.

- Ne tenez simplement pas compte de ces cartes-

Modèle 5

4e exemple: Où en suis-je au point de vue santé?
Une femme questionne .
Etat actuel, passé et avenir proche

						N°2 Trèfle ↑	
						N°11 Verge ↑	
N°25 Anneau ←	N°10 Faux ←	N°6 Nuages ←	N°29 Femme ←	N°23 Rat ←	N°16 Etoiles ←	N° 8 Cer-cueil	N°14 Renard →
						↓ N°33 Clé	

Le sujet:
Où cette femme en est-elle au point de vue santé?
Dans la grand tableau, vous regardez la carte N° 8
-voir modèle -
ainsi que le N° 29 et commencez à interpréter.

Vous interprétez:

....

....

....

....

Ma propre interprétation:

Regardez les combinaisons de près
- c'est très important -

N° 29 est divorcée (25/10, elle se fait beaucoup de soucis, elle est dépressive aussi (23/16), elle a peur (N°23).
Il faut qu'elle fasse attention à ses articulations (N°8+N°33),
sinon ses douleurs aux articulations deviendront chroniques (rhumatisme),(N°8+33+11+14 avec le renard égal chronique)

Cela a pris son départ dans le passé
Surcharges nerveuses (8/2) causées par le divorce (25/10).

Modèle 6

Encore un exemple:
Est-ce que cet homme doit déménager?

Passé et avenir

				N°12 Oiseaux ↑			
				N° 28 Homme			
				N° 4 Maison ↓			
				N°17 Cigognes ↓			
				↓ N°34 Poissons →	N° 31 Soleil →		

Notre sujet:
Cet homme veut déménager. Est-ce que cela est importun?
- Regardez le N° 28 -

Regardez la carte en question dans le grand tableau
- voir modèle- et commencez à interpréter.

....

....

....

Ma propre interprétation:
Regardez les combinaisons de près

Cet homme envisage (N°12,
un déménagement.

Je le lui conseillerais (N°4/N°17)
car les cartes N° 34/ N°3 se trouvent en fin de
ligne d'interprétation.

Si, au lieu de la carte N° 3, c'était p.ex.
la carte N° 23 en fin de ligne, il finirait par
avoir des problèmes financiers

Modèle 7

Leçon cinq

Lignes d'interprétation diagonale, horizontale et verticale du passé et de l'avenir

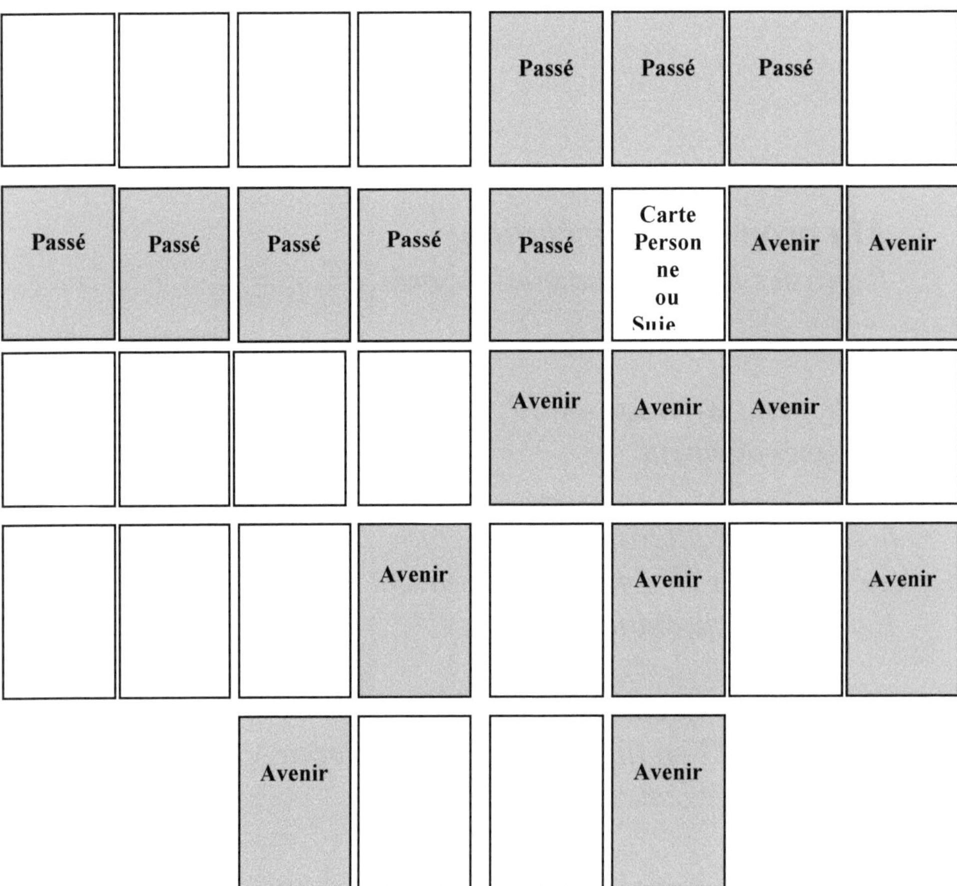

Vous interprétez d'abord les lignes horizontale et verticale comme décrit dans la leçon 4. **Ce sont les lignes d'interprétation principales.**

Les lignes d'interprétation diagonales indiquent des possibilités additionnelles, **mais seulement des possibilités,** quant au sujet choisi. Ils peuvent avoir ou un contenu positif ou négatif.

Mais notez bien que les lignes d'intepprétation horizontale et verticale sont prioritaires.

Si vous désirez en savoir plus sur un sujet donné (amour, travail, couple etc.) référez-vous toujours au modèle 7 sans tenir compte de l'emplacement de la carte du sujet.

Restez toujours dans la ligne d'inter-prétation et suivez toujours le même système.

Prenez bien votre temps en regardant les lignes d'interprétation, sinon vous pourriez ne pas tout voir et en faire de mauvaises déductions.

Maintenant, cela deviendra un peu plus difficile, mais, puisque vous vous êtes certainement beaucoup entraîné, vous arriverez probablement à faire tout de suite votre interprétation.

Pour vous faciliter la tâche, nous prendrons le modèle ***Poissons***
- d'abord les lignes horizontale et verticale –
puis les lignes d'interprétation diagolales.

Bonne chance et bonne réussite

Modèle 8

La feuille d'excercice - Poissons – Finances

ligne horizontale et verticale

					N° 5 Arbre ↑		
					N° 4 Maison ↑		
					N° 23 Rat ↑		
N° 31 Soleil ←	**N° 9 Bouquet ←**	**N° 19 Tour ←**	**N° 11 Verge ←**	**N° 1 Cavalier ←**	N° 34 Poissons	**N° 12 Oiseaux →**	**N° 6 Nuages →**
					↓ N° 2 Trèfle		

Interprétez maintenant:

Ligne horizontale:

....

Ligne verticale:

....

Mon interprétation personnelle:

La question était:

Où en sont les affaires financières de cette personne?

D'abord, je tourne mon regard vers **l'avenir.**

Votre chagrin et vos ennuis quant aux finances se termineront. Tout finira bien.

Maintenant, je me tourne vers le **passé** pour connaître la raison du chagrin:

Du point de vue professionnel, vous aviez beaucoup de succès, mais étant donné l'achat d'une maison (cartes N° 5 et N°4 signifient Propriété), vous finissiez par avoir des problèmes financiers. Ceux-ci avaient des répercussions sur le travail. Au travail, il y avait des disputes au sujet de l'argent.

On pourrait lui dire et conseiller pour finir :

Faites très attention à vos dépenses. Comme cela, tout finira par s'arranger.

Modèle 9

La combinaison des lignes d'interprétation diagonale, horizontale et verticale du passé et de l'avenir

		N° 10 faux ↖			N° 5 Arbre ↑		
			N° 14 Renard ↖		N° 4 Maison ↑		N° 25 Anneau ↗
				N° 22 Chemin ↖	N° 23 Rat ↑	N° 21 Monta- gne ↗	
N° 31 Soleil ←	N° 9 Bouquet ←	N° 19 Tour ←	N° 11 Verge ←	N° 1 Cavalier ←	N° 34 Poisso ns	N° 12 Oiseaux →	N° 6 Nuages →
				↙ N° 33 Clés	↓ N° 2 Trèfle		

Cette fois-ci, c'est à vous de donner votre interprétation.
La question était:

Où la personne en est-elle au point de vue financier?

D'abord, nous regardons la ligne horizontale, puis la ligne verticale, et, finalement, la ligne diagonale, c'est-à-dire ***l'avenir.*** La ligne d'interprétation diagonale ne montre jamais que des ***possibilités***.

ligne horizontale

....

ligne verticale

....

ligne diagonale

....

ligne diagonale

....

....

Mon interprétation personnelle

En ce qui concerne le ***passé***:

La personne avait une réussite professionnelle. Après l'achat d'une maison, des problèmes financiers apparaissaient.
Ceux-ci avaient des répercussions sur le travail. Il y avait des disputes au travail.

Je regarde maintenant la ligne **d'interprétation diagonale:**

Ces problèmes financiers posaient également des problèmes
dans le couple. Il fallait prendre des décisions diplomatiques.

Pour **l'avenir** dans la ligne **d'interprétation diagonale:**

Le sujet **poissons - finances** -.

L'avenir pourrait être influencé positivement par une action. Voir: (carte N° 33 Clé) + (carte N° 2 Trèfle)

Cela veut dire:

Il faudra bien réfléchir à toute dépense d'argent et à toutes les décisions à prendre.
Ainsi, tout pourra s'arranger.
Le chagrin et les épreuves finiront par se dissiper.

Modèle 10

Leçon six

Le grand tableau
Enlever une carte sur cinq

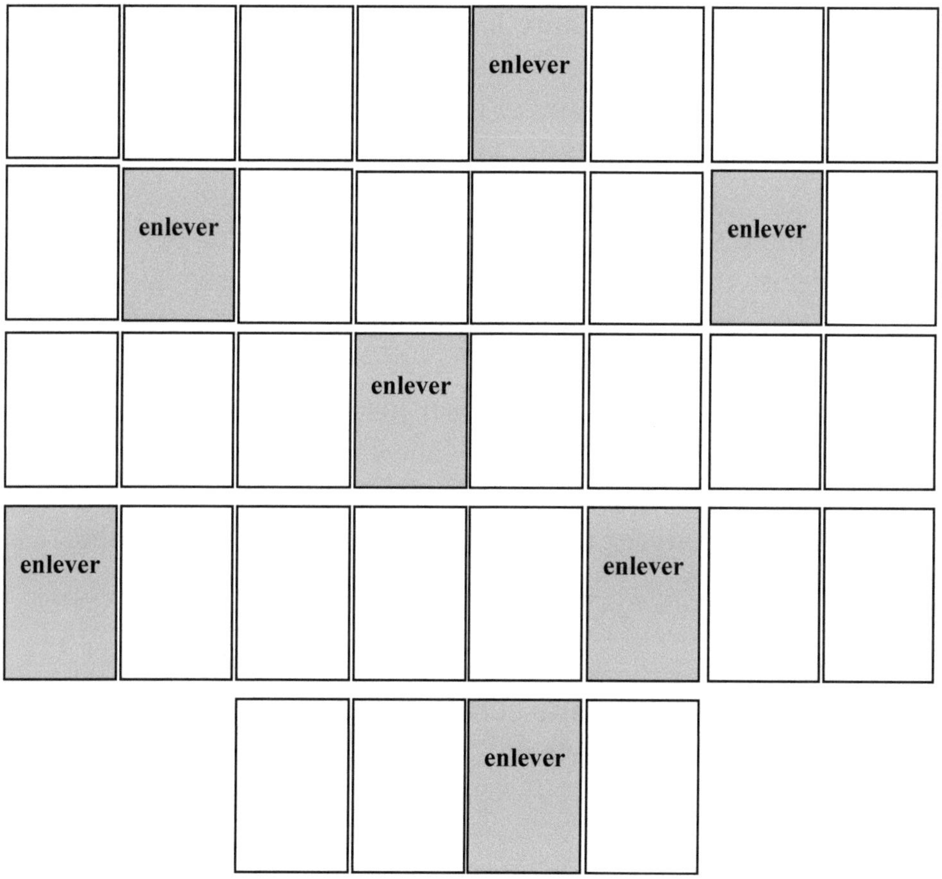

				enlever			
	enlever					enlever	
			enlever				
enlever					enlever		
				enlever			

Découvrir le grand tableau

Prenez une carte sur cinq, en partant du grand tableau (Modèle 10). Battez ces sept cartes et étalez-les sur la table, **les faces tournées vers le bas**.

Regardez maintenant le grand tableau. Réfléchissez à quel sujet vous voulez faire les cartes. Concentrez-vous, vous savez que les cartes vous donneront alors des renseignements plus clairs et nets. Tirez une des sept cartes sans la regarder et posez-la, la face tournée vers le bas.

Par exemple sur la carte N° 28, ensuite vous tirez la seconde et vous la posez sur le N° 29, vous posez la troisième carte sur le sujet choisi (amour, couple, travail, argent etc.)
et vous continuez ainsi à les poser jusqu'à ce que toutes les sept cartes soient posées, la face cachée, sur une personne ou un sujet.
Puis, vous découvrez une des cartes et interprétez ces deux cartes.

Par exemple:
Vous aviez posé une carte sur le n° 24 Cœur et avez découvert ensuite la carte n° 2 Trèfle.

N° 24 Cœur + **N° 2 Trèfle**
amour *petit bonheur*

Interprétez maintenant: ....

....

ou

Vous tirez la carte n° 23 Rat et vous l'aviez posée sur la carte n° 29

Par exemple:

N° 29 Femme + N° 23 Rat

....

Mon interprétation serait,
et c'est une information supplémentaire pour le grand tableau,

Vous avez de la chance en amour

La femme n° 29 a peur

Par exemple:
Cette femme a de la chance en amour, mais elle a aussi peur de le perdre.

Vous continuez à procéder de cette manière avec toutes les pairs de cartes encore tournées.

> ***Ces sept cartes tournées pourraient représenter les événements à venir les plus importants.***
>
> ***Ce qui veut dire aussi:***
> ***Ce sont des informations supplémentaires pour le grand tableau.***

Leçon sept

Qu'est-ce qu'une combinaison? Comment les reconnaître dans le grand tableau?

Ces combinaisons sont très importantes pour lire les cartes.

Une combinaison c'est une série de deux cartes (parfois même trois ou quatre cartes), qui vont ensembles et qui comportent une signification donnée.
Ces cartes se trouvent ou côte à côte dans le tableau, voire seulement dans les environs l'une de l'autre.
(Voir le modèle 11)

Répétons:
Rester toujours dans la même ***ligne d'interprétation*** signifie:

ou rester dans la ligne d'interprétation horizontale, ou rester dans la ligne d'interprétation verticale ou rester dans la ligne d'interprétation diagonale.

Peu importe si les cartes se trouvent côte à côte ou seulement dans

Les environs l'une de l'autre, il importe qu'elles se trouvent dans la même ***ligne d'interprétation***.

Quelques combinaisons importantes:

N° 8 Cercueil N° 23 Rat	maladies de l'estomac ou des intestins
N° 16 Etoile N° 23 Rat	dépressions danger de toxicomanie
N° 36 Croix N° 25 Anneau N° 9 Bouquet	vie commune ou mariage
N° 15 Ours (N° 18 Chien) N° 24 Cœur N° 33 Clé	amant de n° 29
N° 7 Serpent (13 Enfant) N° 24 Cœur N° 33 Clé	maîtresse de n° 28
N° 23 Rat N° 24 Cœur	nouvel amour après déception
N° 19 Tour N° 27 Lettre N° 24 Cœur	candidature ou promotion

N° 14 Renard N° 23 Rat	escroquerie
N° 27 Lettre N° 34 Poissons N° 23 Rat	Attention aux contrats (Argent)
N° 25 Anneau N° 10 Faux	Divorce
N° 25 Anneau N° 22 Chemins	Chacun s'en va de son côté (éventuellement séparation)
N° 25 Anneau N° 16 Etoiles N° 23 Rat	On souffre dans le mariage jusqu'au moment où on a surmonté sa peur de la séparation
N° 19 Tour N° 20 Jardin public N° 34 Poissons	Banque/caisse d'épargne
N° 34 Poissons N° 6 Nuages	Faites attention à votre argent
N° 9 Bouquet N° 34 Poissons	Gain, chance en argent

N° 17 Cigogne N° 4 Maison	Changement dans le domaine domestique ou déménagement
N° 5 Arbre N° 23 Rat	Angoisses dans la vie
N° 36 Croix N° 23 Rat	Peurs de l'avenir ou maux de dos
N° 32 Lune N° 8 Cercueil	Troubles du sommeil ou maladie psychique
N° 34 Poissons N° 8 Cercueil	Faire très attention à l'alimentation
N° 23 Rat N° 34 Poissons N° 11 Verge N° 33 Clé	Grands ennuis à cause de difficultés de paiement

Modèle 11

Exemple modèle pour combinaisons Anneau/Faux

4 possibilités différentes: horizontale, verticale et diagonales

-	**N° 25 Anneau**		**N° 25 Anneau**	→	→	**N° 10 Faux**	
N° 25 Anneau		↘			**N° 25 Anneau**		
	↘		↘		**N° 10 Faux**		
		N° 10 Faux		↘			
					N° 10 Faux		

1er exemple: ligne horizontale
Vous voyez dans la ligne d'interprétation horizontale Que l'***anneau*** et la ***faux*** se trouvent loin l'un de l'autre. Cela veut dire qu'il faut tenir compte de ce qui se trouve entre l'***anneau*** et la ***faux***. C'est là qu'il y a, éventuellement, des possibilités pour éviter le divorce.

2e exemple: ligne verticale
Dans la ligne d'interprétation verticale, l'***anneau* et *la faux*** sont placés l'un sous l'autre. Cela signifie: Le divorce est en cours ou il viendra.

3e et 4e exemple: lignes diagonales
Dans les lignes d'interprétation diagonales, l'***anneau*** et la ***faux*** sont un peu éloignés l'un de l'autre. Cela signifie que l'on peut, éventuellement, encore éviter le divorce.

Modèle 12

Mainteneant nous regardons de près les lignes d'interprétation « anneau » pour l'avenir

				N° 25 Anneau	**N° 2 Trèfle →**	**N° 32 Lune →**	**N° 31 Soleil →**
			↙ N° 16 Etoiles	**↓ N° 11 Verge**	**↘ N° 11 Chemin**		
		↙ N° 23 Rat		**↓ N° 10 Faux**			

Interprétez:

Ligne horizontale:

....

....

Ligne verticale:

....

....

Ligne diagonale:

....

....

Combinez maintenant ces trois messages pour arriver à une interprétation sensée.

....

....

....

....

Mon interprétation personnelle

Ligne horizontale:
Cette union est heureuse, sensible et le couple la vit de manière positive.

Ligne verticale:
Bientôt, il y aura des disputes. Le couple pourrait se séparer.

Ligne diagonale gauche:
Les disputes du couple les rendent tristes et dépressifs.

Ligne diagonale droite:
Le couple se séparera.

Résumé:
Pour l'instant, le couple vit dans le bonheur. Mais des disputes permanentes les conduisent à des dépressions. Si les deux ne trouvent pas de solution positive à leurs problèmes, il y a un grand danger de séparation (divorce) ultérieure.

Mon conseil personnel:

Vous pouvez voir à ces exemples qu'il faut être très prudent quant à interprétation.

Il faudrait toujours regarder toutes les lignes d'interprétation avant d'en faire ses déductions et une interprétation sensée.

Dans nos exemples, la question était de savoir si un divorce peut encore être évité ou non. Ceci est un sujet très difficile qui doit être manié avec une grande sensibilité.

Pour ceci, je vous prie de bien regarder toutes les lignes d'interprétation avec attention, avant de ***dire une chose susceptible d'avoir une grande portée.***

Réfléchissez au fait que les individus ne cherchent conseil dans les cartes que lorsqu'ils se trouvent dans une situation difficile.
C'est pourquoi le maniement des cartes est une tâche á grande responsabilité. Il ne faudrait jamais s'en servir à la légère
Et superficiellement. Pour la cartomancie, il vous faudra beaucoup de ***psychologie.***

Votre Britta

Testez-vous vous-mêmes

1. Est-ce que la première carte du tableau est une carte importante?
   oui……… non………
2. Quand une femme (questionneuse) bat les cartes et la première carte du grand tableau est le n° 29 : qu'est-ce que cela veut dire?
   Tournée vers l'avenir? oui……… non………
3. Quand une femme (questionneuse) bat les cartes et la dernière carte du grand tableau est le n° 29 : qu'est-ce que cela veut dire?
   Regarde-t-elle le passé? oui……… non………
4. Est-ce qu'il faut interpréter toutes les cartes du tableau?
   oui……… non………
5. Est-ce que c'est important? Regarder en premier la première carte? oui……… non………
6. Est-ce que c'est important? Regarder la dernière carte?
   oui……… non……
7. Est-ce que c'est important? Quelle carte se trouve à côté du demandeur ou de la demandeuse ?
   oui ………non.........
8. Est-ce que c'est important? Quelle carte se trouve, dans le grand tableau, à côté de la carte Travail, Amour, Couple, Finances etc. ? oui …….. non…....
9. Est-ce que c'est important? Faire attention aux combinaisons? oui ………non…....

Solutions du test:

Les propositions de solutions sont issues de ma propre intuition.

1. Est-ce que la première carte du tableau est une carte importante?

   oui

2. Quand une femme (questionneuse) bat les cartes et la première carte du grand tableau est le n° 29 : qu'est-ce que cela veut dire?

   Elle est tournée vers l'avenir

3. Quand une femme (questionneuse) bat les cartes et la dernière carte du grand tableau est le n° 29 : qu'est-ce que cela veut dire?

   Elle pense au passé

4. Est-ce qu'il faut interpréter toutes les cartes du tableau?

   non

5. Est-ce que c'est important? Regarder en premier la première carte?

   oui

6. Est-ce que c'est important? Regarder la dernière carte?

   oui

7. Est-ce que c'est important? Quelle carte se trouve à côté du demandeur ou de la demandeuse ?

   oui

8. Est-ce que c'est important? Quelle carte se trouve, dans le grand tableau, à côté de la carte Travail, Amour, Couple, Finances etc. ?

   oui

9. Est-ce que c'est important? Faire attention aux combinaisons?

   oui

Tableau d'exercice

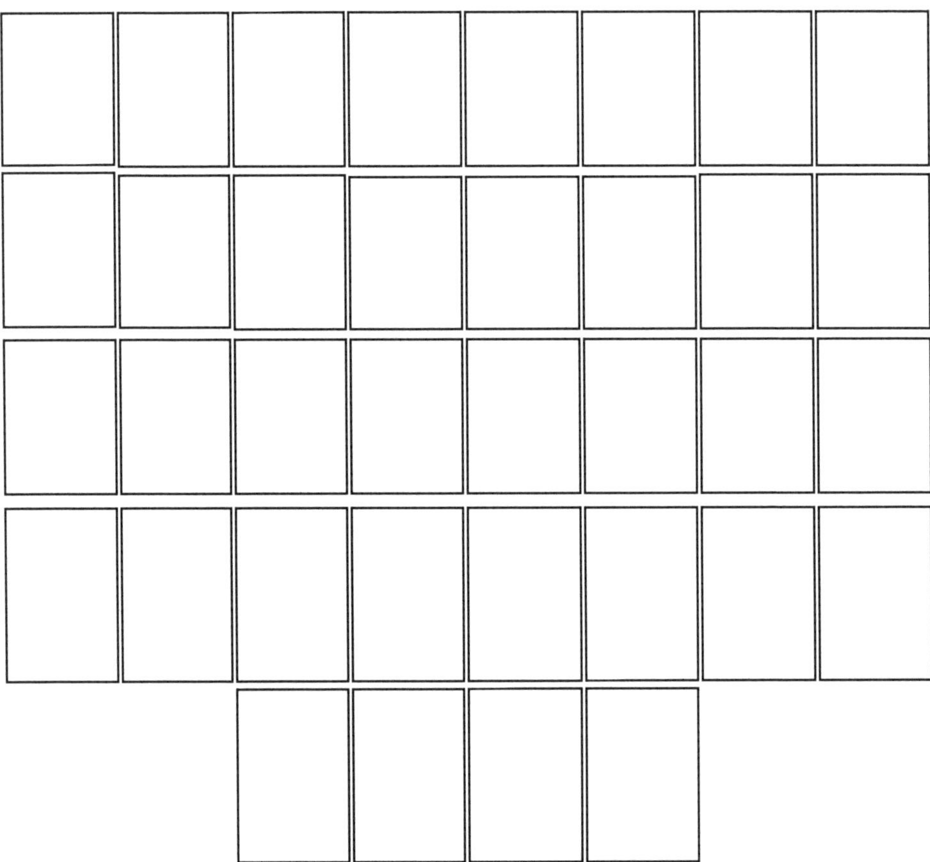

La cartomancie + cours

A la manière de Mlle. Lenormand

Le Grand Cours Autodidacte

est disponible en Allemand et Anglais en format pdf
à apprendre facilement

en cours autodidacte

- Grand cours autodidacte
- Formation
- En temps partiel
- En temps complet

Les cartes de cartomancie sont en vente dans les librairies
Les cartes de Britta Kienle sont disponible dans
www.brika-verlag.com

Les **manuels** peuvent être commandés, même au détail,
à **l'adresse suivante :**

Britta Kienle
Tél. : 49- 711 316 7200
Fax : 49- 711 316 42 23
www.brika-verlag.com
or :
www.kartenlegekurse.de

e-mail Info@britta-kienle.de

Le Grand Cours Autodidacte
est disponible en Allemand et Anglais.

Le Cours compact
est disponible en Allemand, Anglais, Italien, Français, Portugais, Russe, Roumain et Espagnol

En permanence, cours de cartomancie en langue allemande
Possible également : exercices par téléphone.